8訂版
イラストで学ぶ
火災防ぎょ

火災防ぎょ教育研究会　菊地　勝也　編著

東京法令出版

は じ め に

　本書は、火災防ぎょ活動にあたる消防隊に役立てられることを目的に書き著したものである。

　防ぎょは文字どおり敵の攻撃を防ぐことである。ここではさしずめ敵は「火災」そのものである。

　一度、火災が発生した場合には、燃え種が尽きるまで延焼拡大していく事象であることは周知のとおりである。

　これに対処するため地方自治体に消防機関が設置され、その人員装備及び施設等の消防力によって、火災による被害の軽減を図ることが、火災防ぎょなのである。

　これを達成するためには、火災の覚知とともに消防の部隊行動が開始され、消防隊の現場到着と同時に事前の計画や基本動作に基づく、一連の流れがスムーズに運ばれることによって、火災防ぎょが結実することになるのである。

　火災は、何が燃えているかによって、その対応も変わってくるのである。建物火災には消火水を用いて、また、油火災には泡薬剤を用いて消火するといった、火災の特徴によって防ぎょ方法も分類することができるのである。

　火災の様相によって消火の方法も様々で、建物火災においては風下側に重点を置き、また、油火災にあっては風上側から消火にあたるといった多種にわたる防ぎょ法がとられる。

　火災は常に刻一刻と拡大していくものであり、バックドラフトのような爆発的な性状を伴うものや、大規模火災のように時間とともに周囲に燃え広がるといった性質をもったものなどがあり、これらの火災も気象や地形、地物などによっても影響を受けるので、一筋縄ではいかないのも事実である。

　出動部隊の消防力や火勢等を総合的に勘案しながら、迅速かつ適確な状況判断を下す現場指揮本部の役割は重大なものであり、消防力を発揮するためには、なくてはならない存在なのである。

　火災防ぎょにも、一定の法則のようなものがあり闇雲に突っ走っても事は成就しないのも事実である。そこには綿密な段取りや戦略と戦術、そして安全管理等を加味しながら、時には繊細にして大胆といった信念を抱き行動することも大事なことである。

　この本が消防隊員の方々にお役立ていただけますれば幸甚である。

令和7年2月

　　　　　　　　　　　　火災防ぎょ教育研究会　菊地　勝也

7訂にあたって

消防隊員が消防活動に従事するにあたっては、身を危険にさらす場面もあり、文字どおり身を挺しての火災防ぎょ行動を強いられることは言をまたないところである。

現場活動を遂行する部隊員は、豊富な経験を持ち、さらに高度な知識を習得した技術力を有する集団である。

初心者は、この技術集団の一員として活躍することになるが、ベテランのように一朝にはできないものである。

ましてや危険がはらむ火災現場においては、習熟した者にも未熟な者にも危険性は等しく用意されていて、初心者には容赦がないのである。

本書は、隊員の危害防止を主眼に書き著したもので、「火災防ぎょ法」以外に火災現場の危険性を学び取れるようにし、特に初心者の方々には「イラストで学ぶ」を一貫して取り入れ、教科書や専門書をひもとく、前段の入門書にすることを主体に、火災防ぎょの基本をわかりやすく解説したものである。

幸いにして、発刊以来、多くの方々に好評を博していることから、さらに内容の一層の充実を図るため、今回は大火に関する項目を新たに取り入れた。酒田大火以降、国内では消防力の強化拡充が図られているため、大火に発展することはないといわれているが、条件次第では、糸魚川大火のような事態を招くおそれがあることから、大火の特徴やその対策について加筆したものである。

本書が関係各位の間で広く活用され、消防活動にお役立ていただけますれば幸甚である。

平成29年2月

火災防ぎょ教育研究会　菊地　勝也

改訂にあたって

火災防ぎょに従事する際には、経験と知識とそれに絶え間ない訓練に裏打ちされた自信とで、防ぎょ活動にあたらなければなりません。

木造火災等は、一定のセオリーとか定石に沿った、何種類かのパターン化された行動によって成否が形成されます。

しかし、RI施設等の特殊施設における消防活動は苦戦を強いられるものの一つです。

これらに対処するためには、深い知識と高度な訓練が要求されますので、「特異災害活動の入門」にあたりましては、難解な事柄を可能な限り、わかりやすい表現にして、興味を持って取り組めるように工夫しました。

さらに、この度の改訂は、初版で掲載できなかった林野火災時の人力による消火作業とモノシランガス等を取り上げて、内容の一層の充実を図ったものです。

本書が引き続き火災防ぎょ活動に携わる方々に広く活用されて、消防活動に寄与されることを願うものです。

平成14年3月

火災防ぎょ教育研究会

は　じ　め　に

消防学校での「火災防ぎょ」は、基礎教育を重視した内容で講義が進められておりますが、初めて聴く者にとっては、講義内容をいかにイメージを膨らませながら、それを咀嚼するかにかかっているといっても過言ではありません。

講師自身も経験や知識、それに技術といったものをどのようにして相手に伝えるか日々悩み苦しんでいるところであります。

話術や技法にとらわれても肝心な中身が伴っていないのでは、到底、学生には受け入れてもらえず挫折感さえ味わうこともしばしばであります。

とはいえ、消防教科書を補うオリジナルの資料を作成したり、ビデオやOHP、さらには火災実験といったものを駆使し、学生を飽きさせないように興味を持たせながら授業に臨ませることが講師の力量にかかっております。

本書は、初めて「火災防ぎょ」を学ぶにあたって、火災の性状やその消火方法、建物の構造、消防用設備、それに安全管理面にまで及ぶ内容とし、イラストを多用して目で見て理解できるように工夫するとともに、わかりやすい表現を用いてポイントをきっちりと押さえた内容にしてあります。

これを基にして消防大学校で監修した消防教科書の『火災防ぎょ』を理解するうえでの副読本としてきっと役立つものと思われます。

これによって、一人でも多くの人々が火災防ぎょを完璧に理解することを願うものであります。

平成11年9月

火災防ぎょ教育研究会

目　次

1　火災 ··· 1

火災とは ··· 1

- ⊙ 人の意図に反して火災が発生した事例 ················· 1
- ⊙ 火災を消火する施設の例 ····························· 2
- ⊙ 消火施設と同程度の効果のあるものの例 ··············· 4

火災発生原因 ··· 5

火災の分類 ··· 7

- ⊙ 火災の種別 ······································· 7

2　火災の現象 ··· 8

燃焼の三要素 ··· 8

燃焼の種類 ··· 9

燃焼に関する定義 ··· 9

- ⊙ 発火点と引火点 ··································· 9
- ⊙ 爆発範囲 ··· 10
- ⊙ 爆発のプロセス ··································· 11
- ⊙ 爆発の区分 ······································· 13
- ⊙ 火災の煙の性状 ··································· 16

火災と熱 ··· 18

延焼の種類 ··· 19

延焼の順序 ··· 21

- ⊙ 木造建物火災の延焼順序 ··························· 22
  - ■ 木造建物内部の延焼防止措置 ····················· 23
- ⊙ 防火造建物火災の延焼順序 ························· 24
- ⊙ 高層建物火災の延焼経路 ··························· 25
  - ■ 耐火建物内部の延焼防止措置 ····················· 26
- ⊙ 街区火災の延焼防止 ······························· 27
- ⊙ 火災防ぎょ戦術 ··································· 28
- ⊙ 防火構造 ··· 35
- ⊙ 延焼のおそれのある部分 ··························· 38

⊙警防計画		39
⊙装備の活用		40
■装備車両		40

3 消火剤を用いた消火法 41

窒息消火法 41
　⊙不燃性の気体で燃焼物を覆う方法 41
　⊙不燃性の泡で燃焼物を覆う方法 42
　　■石油タンク火災 42
　　■窒息消火 44

4 消防警戒区域と火災警戒区域 47

5 安全管理 48

6 火災防ぎょ行動 53

火災出動 53
　　■安全走行 53
水利部署 54
火災の状況判断 58
　⊙火災の初期 58
　⊙火災の中期 59
　⊙火災の最盛期 60
　⊙火災の減衰期 62
火災時における風の影響 63

7 ホース延長 65

ホース延長障害 65
手びろめによる延長 66
立体的なホース延長 67
予備送水 68
ホース逆延長 69

目　次

8　進入要領 … 70

通常の出入口からの進入 … 70

高所への進入 … 70

はしごの取扱い … 74

非常用進入口 … 75

水圧シャッターの開放 … 77

重量シャッターの開放 … 78

9　火災建物での活動 … 79

要救助者検索 … 79

酸素欠乏 … 80

空気呼吸器 … 81

フラッシュオーバーとバックドラフト … 82

　■フラッシュオーバー … 83

　■バックドラフト … 84

木造建物火災防ぎょ … 85

濃煙・熱気の状況下における消防活動 … 87

高層建物火災消火活動 … 91

　◉高層建築物における連結送水管と消防隊専用エレベーター等 … 92

消防用設備等の活用 … 93

　◉誘導灯 … 93

　◉排煙設備 … 94

　◉連結散水設備 … 95

　◉連結送水管 … 96

排煙活動 … 97

地形等の活用 … 99

非常用エレベーター … 99

注水死角 … 101

3

10 破壊要領 ··················· 102

- ⊙シャッターの破壊··············· 102
- ⊙付属物の破壊··············· 104
- ⊙扉・戸等の破壊··············· 104
- ⊙ガラスの破壊··············· 107

11 消火及び注水要領 ··············· 110

- ⊙ストレート注水（棒状注水）··············· 110
- ⊙噴霧注水··············· 111
- ⊙フォグ注水··············· 112
- ⊙注水方法··············· 113

12 人命救助 ··············· 114

13 建物以外の火災防ぎょ ··············· 116

林野火災··············· 116

船舶火災··············· 124

■タンカー火災··············· 125

その他の火災··············· 128

資　料

　二次元コードをスマートフォンやタブレット端末で読み込むと、下記の内容もご覧いただけます。

 その他の火災防ぎょ

トンネル内車両火災
　　■特殊なトンネル（東京湾アクアライン）
航空機火災
大火

 特殊施設の災害活動

放射線施設等の消防防災活動
ＲＩ施設火災
ガス施設火災
危険物施設火災
　　■毒劇物収容施設火災
　　■化学工場火災
　　■泡消火剤
電気施設火災
その他の施設火災
　　■ラック式倉庫火災
　　■共同溝の火災

 用途別等の死傷者の発生した主な火災概要一覧

1 火災

火災とは

　火災は、火の災害で古来から火事と呼ばれてきたものである。
　火災報告取扱要領では、火災とは「人の意図に反して発生し若しくは拡大し、又は放火により発生して消火の必要がある燃焼現象であって、これを消火するために消火施設又はこれと同程度の効果のあるものの利用を必要とするもの、又は人の意図に反して発生し若しくは拡大した爆発現象をいう。」と定義している。

◉人の意図に反して火災が発生した事例

(1) たこ足配線
たこの足のように一つのコンセントから多くのコードを引くと電力供給側のコードに多くの電気量が流れて温度上昇につながる。

差し込みプラグの接続不良によっては、出火につながる場合がある。

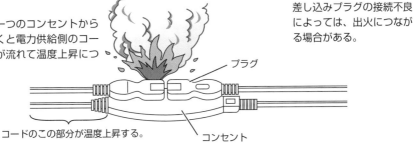

(2) 天ぷら鍋
ガスこんろに天ぷら鍋を掛けたまま、一時、その場を離れる等の不注意により、油が沸騰して分解ガスが発生することによって着火し、火災に発展することがある。

(3) 石油ストーブ
石油ストーブの内炎筒で発生した高温熱気が放射ネットに当たり赤外線が発生し、この熱線はさらに反射板によって熱量を増加させ暖められる構造になっている。

ストーブの前面に可燃物が近接した状態に置かれた場合には、熱量が蓄積され高温によって、分解ガスが発生、これに着火して火災につながることがある。

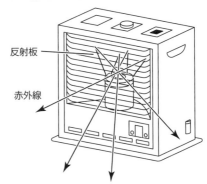

●火災を消火する施設の例

1　屋内消火栓設備

一定の水圧が得られる高架水槽、ポンプ・モーター、配管、制御盤、消火栓箱、ポンプ起動ボタンなどで構成されている。使用するときは消火栓箱の扉を開き、ホースを延長してから開閉弁を開き、ポンプ起動ボタンを押して放水を開始する。消防法施行令により防火対象物に設置が義務付けられ、用途、規模、内装不燃化の程度、階数などで設置の要否が判別される。

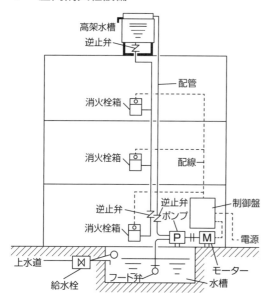

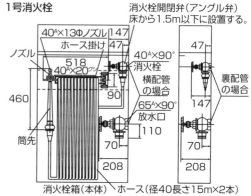

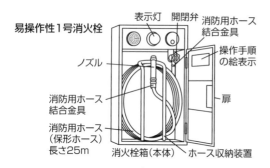

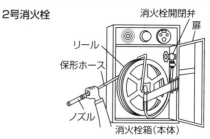

2　スプリンクラー設備

閉鎖型スプリンクラー設備

一定水量以上の水源、ポンプ、モーター、配管、弁、制御弁、ヘッド、自動警報装置、自動火災感知装置からなる。火災を早期に発見し消火を自動的に行う設備である。消防法施行令により防火対象物に設置が義務付けられ、高層建築物、地下街、準地下街、大規模な建築物と特殊な用途部分の舞台部、ラック倉庫、指定可燃物等の貯蔵・取扱い部分等が対象になっている。
スプリンクラーヘッドは、閉鎖型が多く採用され、火災熱で一定の温度に達すると、弁を固定しているヒュージブルリンクのヒューズ部分が溶融し、弁が開放されて水が噴出する仕組みになっている。スプリンクラーヘッドの散水の停止は、スプリンクラー制御弁室のボタンを押して行い、水損防止を図る。
散水開始と同時にブザー等が鳴動する。
設備に水不足を来した場合は、公設消防隊がこれを補うようにする。

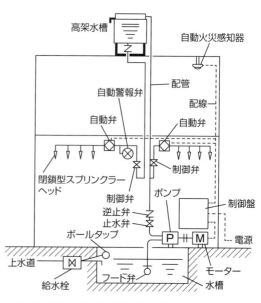

3　泡消火設備

泡ヘッド、泡ノズル、泡放出口から泡を燃焼面に放射し、空気を遮断し窒息効果と冷却効果によって消火する固定の消火設備である。泡の種類としては、空気泡（エアー・フォーム）と化学泡（ケミカル・フォーム）がある。

ポンプ・プロポーショナ（ポンプ混合方式）

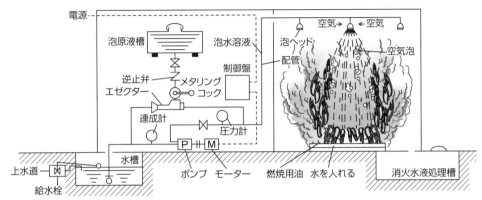

泡消火設備は、格納庫、自動車修理工場、道路トンネル、駐車場、指定可燃物の消火に適し、設備は、水槽、泡原液槽、ポンプ、モーター、配管、弁、泡混合装置等からなる。泡原液タンクの原液とポンプからの水がエゼクターで混ざり合い、泡水溶液となって泡ヘッドに運ばれ、ヘッドの穴から空気が入ることによって、水と泡原液さらに空気の3つが網に衝突して泡になる。

プレッシャー・プロポーショナー

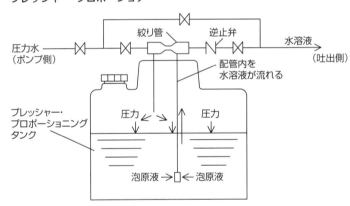

ポンプ側と吐出側との間に加圧による発泡用の空気泡原液を入れたプレッシャー・プロポーショニングタンクを接続し、ポンプ側からの圧力水を絞り管を経由して、タンク内に圧入することによって泡原液を混合した水溶液ができる。これを絞り管の圧力差を利用して吐出側へ送り出す方式である。

プレッシャー・サイド・プロポーショナー

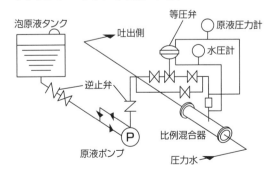

主に大容量の水溶液を必要とする大規模施設の火災を消火するもので、水ポンプの送水管上に設けられた比例混合器によって、空気泡原液を原液ポンプで圧入して水溶液を作る方式である。

PFASは、フッ素化合物の総称である。水や油を弾く性質があり、熱にも強いことから、これまで泡消火剤にも使用され、PFASの一種であるPFOSは平成22年に、PFOAは令和3年にそれぞれ、人体に有害を及ぼすといった理由で、製造・輸入が禁止されている。

◉消火施設と同程度の効果のあるものの例

　消防力の三要素は、機械・人員・水利である。
　消防隊は消防器具を装備した消防吏員若しくは消防団員の一隊（消防法第2条）で、火災現場で建物を処分する権限を有しており（消防法第29条）、火災現場に急行するため、道路等における優先権を付与（消防法第26条）されている。

【消火活動に使用されている代表的な消防車両等】

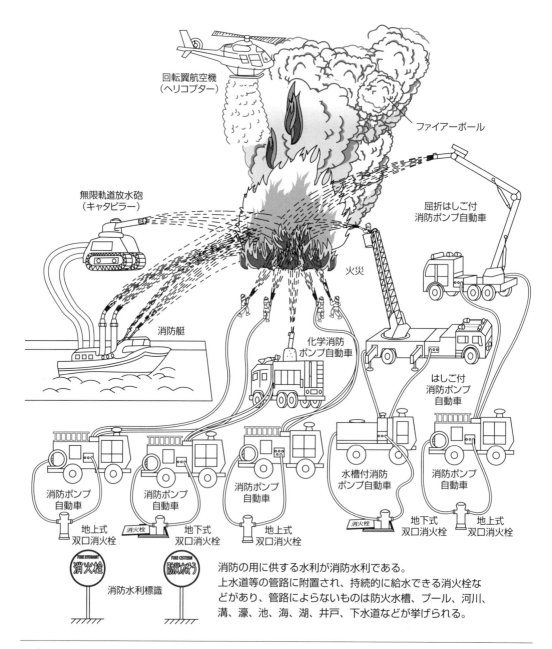

火災発生原因

　火災は様々な起因で発生する。これを大別すると、人間社会が作り上げたものの取扱いを誤り火災に発展する人為的な原因で、たき火の不始末や油鍋の取扱いの不注意によるものなどがあり、さらに放火や放火の疑いなどが挙げられる。
　もう一つは、不可抗力にも似た人間業には遠く及ばない事態で、化学的に不安定な物質が長時間放置されたことにより、酸化され発熱して、自然発火する場合や地震、落雷及び噴火などによるものが挙げられる。
　火災原因の種類は、次のとおりである。

1　人為的な原因

(1)失火
過失によって火災が発生したもので、注意義務を少しでも欠いた場合は、軽過失に当たり、著しく欠いたときは重過失に当たるとされている。

(2)放火・放火の疑い
わざと火を放ち火災を発生させたもの、疑いのあるものである。

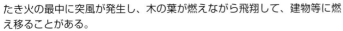
たき火の最中に突風が発生し、木の葉が燃えながら飛翔して、建物等に燃え移ることがある。

(3)自然発火
酸化されやすい物質が常温で酸化・発熱し、自然に発火・燃焼したことにより火災に発展するものである。自然発火を起こしやすい物質として、油粕、揚げカス、硝化綿、セルロイド、油を含んだ布、石炭、魚粉等がある。黄リンを水中から取り出して放置すると激しく燃え上がる。

(4)再燃
一度、火の消えた状態から再び燃え出して火災になったものである。

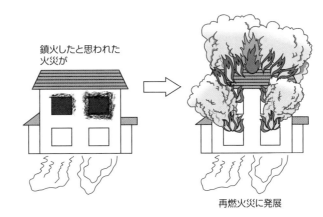

(5)不明
(1)から(4)まで以外のもので、原因がはっきりしない火災を指す。

2　不可抗力的な原因

(1)自然災害
地震、落雷、噴火などによって発火し、火災になったものである。

[震災]
震災火災は、大地震によって建物が倒壊し、暖房器具等の火源で出火し火災に至るものである。対震の自動消火装置付調理器具や石油ストーブ等は地震動によって炎は消えるものの、バーナーの部分は高

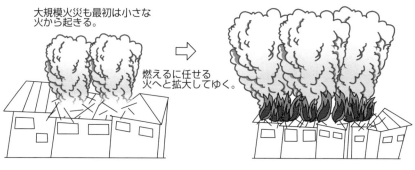

温になっているところに、燃えやすい物が触れてしまうと発火する場合があり、これらのものが火種となることもあって、火災に発展してしまうのである。

震災時は、一旦、火が燃え上がってしまうと対応する人々が周辺にいない。消火する器具もない。無い無い尽くしになるため、火災は放置されたようになって、大規模火災に発展する傾向がある。木造密集地などの場合、建物等へ次々に燃え広がってゆくことから、消防隊は強烈な輻射熱を浴びながら、燃え移る危険性のある建物等へ注水するのが精一杯といった状態が続いてしまうことから、緊急消防援助隊による消火活動に委ねられることになる。

[津波]
津波火災は地震の揺れに起因する「震災火災」の一種で、津波が原因で起きる火災である。

津波が湾内などに入り込むと遡上によって水位がどんどん高くなり、建物などは津波の水圧で破壊され、浸水域内の広い範囲に大量のがれきが生じる。

これらのがれきは、半ば水に浸っているが、水は材木の中にまでは浸透していないため燃えやすく、破壊されたガソリンタンクやストーブのタンク、コンビナートのオイルタンクなどから流出した油に引火し、水面で燃え上がり、がれきに着火して延焼が拡大してゆく。平成5年7月に発生した北海道南西沖地震では、奥尻島で住宅など約190棟が焼失して、津波火災がクローズアップされた。東日本大震災でも震災による火災が330件発生したが、この中には津波火災も含まれている。

[落雷]
電柱に落雷したことによって放電電流で火災が発生することがある。

(2)動物の介在
ケーブルの被覆がネズミ等にかじられショートして火花が発生し、火災につながる場合もある。
焼け跡から出た電線の溶融塊でネズミ等にかじられたものと推測されている。

火災の分類

◉火災の種別

　消防対象物の種類によって、建物火災、林野火災、車両火災、船舶火災、航空機火災及びその他の火災の6種に区分されている。消防対象物とは、防火対象物より幅広く、およそ火災の起こる可能性のある対象物をいう。

|建物火災|
建築物及び建造物や収容物が焼失・焼損した事象。

|林野火災|
森林や原野などが焼失した事象。

|車両火災|
自動車車両・鉄道車両及び被けん引車又はこれらの積載物が焼失・焼損した事象。

|船舶火災|
船舶又はその積載物が焼失・焼損した事象。

|航空機火災|
大気中を飛行するジェット旅客などの重航空機やドローン、気球、飛行船などの軽航空機が焼失・焼損した事象。

|その他の火災|
建物火災、林野火災、車両火災、船舶火災及び航空機火災以外の火災（空地、田畑、道路、河川敷、ごみ集積場、屋外物品集積所、軌道敷、電柱類等の火災）をいう。

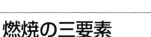

火災の現象

燃焼の三要素

燃焼には、可燃物と熱源（発火点以上の熱エネルギー）、さらに空気（酸素）の三つの要素が必要となる。

まきを燃やすと、木片などを加熱し続けることによって、分解ガスが発生する。
やがて燃焼点以上に達すると、まきの部分が燃え出し、炎を上げて燃焼が継続するようになる。
小雨が降る屋外でまきを燃やすときに、なかなか火付きがよくないのは、熱エネルギーが雨で冷やされてしまうからである。

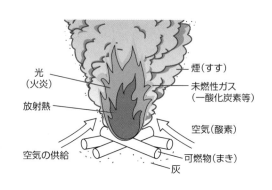

三要素の一つを欠くと燃焼は起こらない。

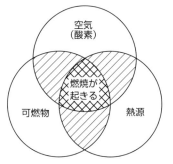

三つの要素が満たされると燃焼が起こる。

熱源から可燃物と
空気への熱移動の関係

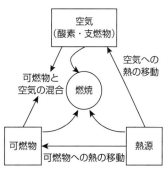

8

燃焼の種類

通常、熱を加えても赤くなるだけで燃えることのない石や鉄などの物質以外は、可燃性物質に位置付けられ、木材や紙、プラスチック、油等、着火して燃焼点以上になるよう加熱すると、自らの力で燃焼が継続する能力が著しいものを指す。可燃性物質の燃焼は、固体、液体、気体によって燃焼の仕方に相違がみられる。

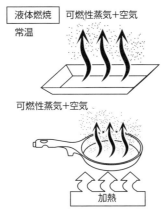

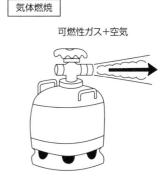

木材を加熱すると、次第に分解ガスが発生する。物質特有の温度以上になると発火が起き、さらに加熱すると燃焼点以上に達し、木材が自らの力で燃焼を始める。

液体は常温で気化が盛んになる。種火を近づけると引火し、燃焼点以上に達すると燃焼が継続する。
液体を加熱すると気化が著しくなり、発火点以上に加熱すると発火し、さらに加熱すると自らの力で燃焼が始まり、燃焼点以上に達すると燃焼が継続する。

ボンベの可燃性ガスは放出した生ガスの状態では燃焼しないが、種火を近づけると引火して燃焼が始まる。

燃焼に関する定義

●発火点と引火点

1　発火点

燃焼の開始を発火あるいは着火という。空気中で可燃性物質を加熱すると、そばに火源がない場合でも、自ら発火して燃焼を始める。このときの最低温度が発火点で、着火点とは同義語である。木材は420〜470℃、ガソリンは210〜300℃、メタンは615〜682℃である。

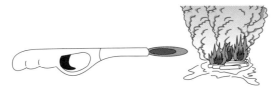

2　引火点

可燃性の液体や固体の表面近くが小さな口火によって燃え始める現象を引火という。引火を起こす最低液体温度や固体の分解ガスが発生して燃え上がる最低温度が引火点である。通常、可燃性物質の火の着きやすさを示す指標に用いられる。
木材の引火点は240〜270℃、ガソリンは-43℃、メタンは-187.7℃である。

●爆発範囲

　ガス状の物質は、適度な量の空気の供給がないと燃焼することも爆発することもできない。

　空気中に流れ出たガスの量が微量である場合は燃えることはない。逆にガスの量が濃すぎても燃焼は起こらない。酸素不足を来しているためである。

　このように、空気に対するガスの混合割合のことを爆発範囲又は燃焼範囲という。

　室内でガス漏れが起こり、空気とほどよく混合し、これが爆発範囲内に達していると何らかの火源により爆発が起こる。

　したがって、ガスが爆発範囲内の混合気体となっていても、火源がないと爆発は起こらない。

　同じ爆発範囲内の混合気体であっても、上限や下限に近づくと爆発は起こりにくくなり、爆発範囲内の中央部付近の数値のところが最も爆発が起きやすい。

　一般に都市ガスに比べてプロパンガスの爆発範囲は狭くなっている。

　屋内のガス漏れ現場では、電源を切断する等によって火源を断ってから、窓を開放する等で混合気体の希薄を図り、爆発が起こるのを未然に防止することができる。

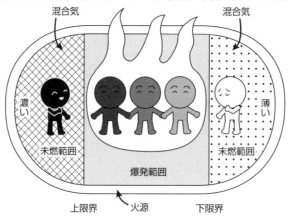

燃焼範囲
可燃性気体が、発火して燃焼が起きるためには、燃料成分と空気がある適度な割合に混合する必要がある。濃度が濃すぎても薄すぎても燃焼は発生しない。
混合気の濃度の低い方の値を燃焼下限界、高い方を燃焼上限界という。

爆発範囲、燃焼限界、爆発限界、可燃限界は燃焼範囲と同義語である。
ガソリンの燃焼範囲は、1.3〜6.0%で、一酸化炭素は12.5〜74%である。
この範囲以外の濃いガスの範囲に空気が入ったり、薄いガスの範囲内に濃いガスが流入したりすると、さらに燃焼範囲が拡大することになる。

度々、建物火災現場で発生するバックドラフトは、未燃性の分解ガスによって引き起こされ、さらに油タンクの底にたまっている水が火災熱により沸騰することで起きるボイルオーバー、ガス施設の火災で発生するファイヤーボール等は、ガスに起因するものであることから、消防職員・団員にとっては身に危険が及ぶこともあるので、ガスの性状を熟知すると共に十分な理解が必要である。

◉爆発のプロセス

　急激な化学反応により圧力を発生し、容器の破壊や音響等を伴って圧力が放出される現象をいう。燃焼によるものの他、急激な分解によっても起こる。爆発の種類としては、火薬の爆発、ガス爆発、反応容器の爆発、粉じん爆発等が挙げられる。
　爆発が起きるためには、次の二つの条件が同時に存在することが必要である。
①爆発性のあるガス混合物又は化合物があること。
②爆発を引き起こすエネルギーがあること。
　爆発のうち、ニトログリセリンなどの爆薬による爆発は衝撃波を伴い、これは爆轟（デトネーション）と呼ばれ、火炎伝播の速度は、音速を超え、圧力は初期に発生する圧力の10倍以上になるとされている。
　ちなみに、燃焼波（火炎波・デフラグレーション）とは、大きく異なるとされている。

1　酸化されやすい物質

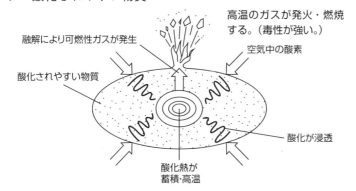

酸化されやすい物質が常温で酸化・発熱し、自然発火により燃焼する。消防法別表第1で定める第2類の可燃性固体が該当する。

2　酸素を含有している物質

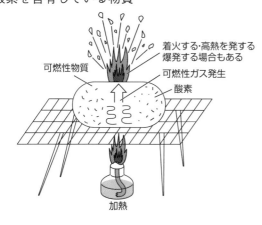

可燃性物質であると同時に燃焼に必要な酸素を含有している。
消防法別表第1で定める第5類の自己反応性物質が該当する。

3　火薬類

火薬は、衝撃・摩擦・熱などによって、急激な化学変化を起こし、多量の気体と熱を発生することから、これを利用して推進・破壊などに用いられる化合物、又は混合物である。
種類も黒色火薬・ダイナマイト・ピクリン酸など多数ある。
火薬類は、火薬類取締法で、火薬・爆薬及び火工品をいうと定義されている。

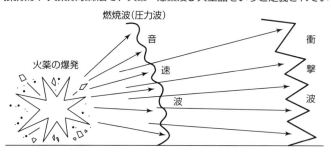

衝撃波は、音速を超える速さで移動するときに発生する強い圧力波である。

音速：セ氏零度、1気圧で毎秒331.45m、温度が1度上がるごとに0.61mずつ増すとされている。

化学工場の爆発火災において、現場到着の時点から二次災害の危険が伴うことから、絶えず安全を念頭に置いて行動するように心掛け、状況が判明するまでの間は、爆発に備え、爆風から身を避けられる堅固な構造物の陰で作戦計画を立てる必要がある。

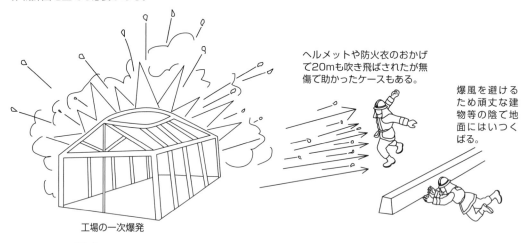

4　爆発と爆轟（ばくごう）

爆発は、圧力の急激な発生又は解放の結果により、熱・光・音などと共に破壊作用が伴う現象で、急激な化学反応・核反応・容器の破壊などによって生じるものである。

燃焼波が広がる速さによって爆発と爆轟に区別される。

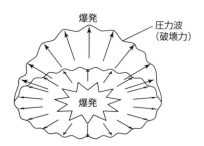

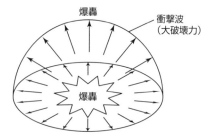

爆風は開放空間では、ドーム状に広がる。

爆轟が起きると圧力は数千気圧、温度も数千℃以上になる。爆速が毎秒1,500m以上の場合は爆轟と呼ばれる。

爆発が発生する条件は、爆発性を含有するガス混合物や化合物があることと、爆発を引き起こすエネルギーがあることの二つである。

●爆発の区分

物質固有の性質によって爆発が区分される。すなわち、ガス爆発、粉じん爆発、分解爆発、混合爆発などの類である。

1　ガス爆発

ガス爆発は、可燃性ガス（メタン等）が空気あるいは支燃性気体（酸素等）と混合し、爆発するであろう可燃性予混合気が形成されているときに、静電気等の着火源によって火炎の中心ができ上がると一瞬にして、火炎が広がり、燃焼反応によって作り出されたエネルギーが、周囲に熱・圧力（破壊力）・気体の運動エネルギーを及ぼす現象。

(1) 開放空間におけるガス爆発　　　　　○密閉区画におけるガス爆発

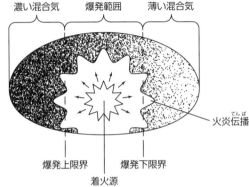
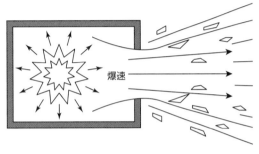

開放空間においては、濃い混合気域が爆風によって拡散し、爆発範囲が形成され熱エネルギーがあるため、さらに爆発は拡大される。さらに巻き上げられた濃い混合気域の未燃の混合気が拡散して爆発範囲が生じたところに、熱エネルギーによりファイアボールが形成される。

密閉空間での爆発で発生したエネルギーは、建物の弱い開口部を破壊して、運動エネルギーとして放出される。

(2) 天然ガス爆発

天然ガスが発生するところの建物の地下室や天然ガスを含む温泉水を汲み上げている施設内でガスが充満し、引火爆発する事故が数多く報告されている。
無色無臭のガスは、対空気比重が約0.6と軽く、換気が不十分な場合、気付かないうちに爆発範囲（5〜15％）を形成し大事故につながってしまう。
天然ガスは、ガス田以外に関東平野にも分布し、湧き出ている地域もあり、これを上ガスと呼んで一般家庭用の燃料として使用しているところもある。
ガスの組成はメタンが約90％を占め、残りの約10％にエタン、プロパン、その他のガスが含まれている。地下室等にたまっていたガスが爆発した場合、密閉空間が開放されるため、湧き上がってくるガスが二次爆発を形成するまでにしばらく時間を要することから、この間は排煙機等でガスの排出に努める必要がある。

建物の地下室等にたまったガスは爆発で建物全体を揺り動かしながら扉やガラス窓を突き破って、大気中に放出され、場合によってはコンクリートの床を突き抜けることもある。

2 粉じん爆発

粉じん爆発は、空気中に可燃性の微細な固体粒子（粉じん）が浮遊・拡散している状況下で、発火源によって空気中の酸素と粉じんとが反応し火炎を形成し、この火炎が粉じんの中を伝播することにより、空気との混合物が急激に高温になって、熱膨張した結果、圧力が発生し火炎が拡大する現象である。

ガス爆発、噴霧爆発及び粉じん爆発は気相（物質が気体になっている状態）爆発に属し、強力な爆発力を有している。アルミニウム粉末や炭じん、鉄粉、小麦粉、砂糖、木粉、飼料粉などは、爆発範囲の濃度のものが空気中に浮遊した状態のとき、発火源次第で爆発が起きるものであり、これらの粉末も爆発下限界以下の薄い濃度の状態では、発火源によって火炎が発生するだけで、圧力波を伴う爆発の可能性は低いと考えられている。

粉じん爆発は、諸条件が重なって起きるもので、頻繁に発生するものではなく、発火源のエネルギーが大きいことや物質と空気の混合割合の合致に左右されており、アルミニウムにあっては、片の穿孔の有無、粉体の形状も影響し、これらが偶然に重なって起こるものとされている。

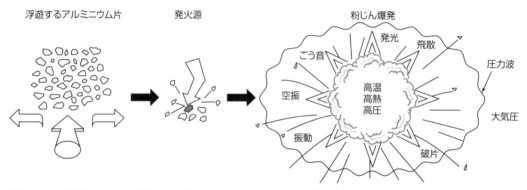

堆積しているアルミニウム粉が火災の上昇気流等によって巻き上げられて空気中に浮遊する。

浮遊するアルミニウムは、空気との接触面が拡大し燃えやすくなり、大気中の高温の発火源によって発火し、爆発へとつながっていく。なお、アルミニウム粉末の燃焼は3700℃に達する。

粉じんの濃度次第では、爆発力が増し、衝撃波を伴い破壊力の増大につながることがある。

固体の大きさの単位

物質等	単位
固体	m、mm
分子	Å（オングストローム）＝100億分の1m
粉体	nm（ナノメートル）＝10億分の1m μm（マイクロメートル）＝100万分の1m
小麦粉	10μm〜100μm
バクテリア	おおよそ1μm
ウイルス	10nm
金属超微粒子	1nm〜100nm
水分子	0.35nm

粉じん爆発を起こす物質

原料	物質名
農産物	小麦粉、砂糖、大豆、デンプン、綿、コーヒー、コーンスターチなど
プラスチック	塩化ビニル、合成ゴム、ポリエチレン、ポリスチレン、酢酸セルロース、ナイロン、エポキシなど
金属	アルミニウム、マグネシウム、チタン、ケイ素、ジルコニウム、フェロシリコンなど
その他	木粉、石炭粉、硫黄粉、粉せっけん、アスピリン等の医薬品、すすなど

粉じん爆発は、ガス爆発と類似しているが、その特徴は、最初の小規模な爆発の爆風で、堆積粉じんが舞い上がって、爆発が次々と連鎖的に起こり大爆発につながることである。

可燃性の粉体を取り扱っているところでは、どこでも粉じん爆発が起こり得るが、浮遊粉じんが発生しやすい産業工程においては、その危険性が増すことになる。工程には、粉砕、製粉、集じん、分離、混合、貯蔵、乾燥、廃棄、輸送などがある。

3 分解爆発

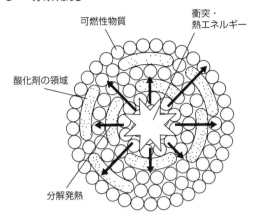

分解爆発につながる物質は、酸化剤を含有しており、外部からの衝撃や熱エネルギーによって、分解発熱が起き、次々と連鎖的反応により、燃焼が継続するものである。
アセチレンボンベの火災においては、通常、ボンベの中身を安定させるため、直立にして保管・使用していることから、水圧でボンベを倒さないよう（衝撃を与えないよう）に注意しながら冷却注水し、燃え尽きるのを待つようにする。
過去において、消火活動中の消防隊員がアセチレンガスのボンベの爆発により生じた破片を頭に受け重傷を負ったケースがある。
※爆発に関する資料出典は、安全の百科事典による。

4 混合爆発

酸素と水素のような2種類以上の異なる物質が混合した際に、静電気や熱エネルギーなどで大爆発に発展するのが混合爆発であり、このとき物質によっては毒性が生じることもある。
自然発火性物質や禁水性物質が空気や水と混合して発火や発熱する場合も広い意味での混合爆発の範疇に入るとされている。

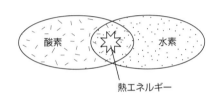

参考 水素燃料

水素をつくるには、亜鉛に希硫酸を加えるか、水を電気分解する。水素は空気中の酸素との化学反応によって電気を生み出すことができるので、自動車の燃料電池に用いられ、モーターを駆動し走行する近未来的な燃料電池自動車が急速に普及しつつある。
この自動車は、固体高分子形と呼ばれる電気を発電するタイプで、燃料貯蔵タンク、燃料電池システム、制御装置及び電気モーターで構成され、水素を燃料にするものは、水素貯蔵タンク、高圧水素、液体水素、吸蔵水素などのいずれかが用いられている。
水素の爆発範囲は4.0～75％で、空気1に対し0.0899と軽く、上方に拡散する性質を有している。燃料電池車には水素ガスボンベが積載されていることから、交通事故の際、大破した車からガスが噴出して引火・爆発の危険性を有する。これらに備えた火災防ぎょ法を用いる必要がある。

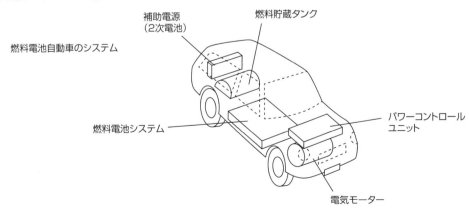

●火災の煙の性状

物が燃えるときに出る気体が煙である。煙には、物質の燃焼時の熱分解によって生じる分解ガスも含まれる。

1 煙の速度

煙は水平方向には毎秒0.5～1.0mの速度で拡散する。

消防隊や初期消火を行う自衛消防隊等の放水で煙がかき混ぜられ、避難に支障を来す場合がある。

煙が竪穴区画の階段等を上昇する速度は、毎秒2～3mとされている。

2 煙の流動

室内における煙は、火災熱によって周囲の空気とともに膨張し、体積も300℃で2倍になり、濃い煙とすすなどが天井面をなめるように拡散し、火点から次第に離れると冷えて下降する性質がある。

炎が立ち上った段階は視界良好である。　　　　火災室では、空気の吸入と排煙が起こる。

火災室は屋外からの光と炎の光で明るい。　　　炎が消えると火災室は暗くなる。

室内における初期消火の失敗の一因は、消火器の取扱いに戸惑っている間に煙の拡散で、視界不良となり、火点を見失ってしまい、その場に消火器を投げ捨て退散するケースが挙げられる。

煙に包まれた場合の対応
火災室では吸気側と排気側との対流が起きている。

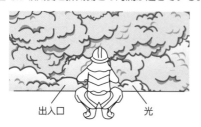

火災現場では、室内に限らず、煙に包まれてしまうことが多い。この場合は、慌てることなく、姿勢を低くして、出入口からの光を見つけるため、しゃがみ込んだ姿勢で歩行、又ははいつくばい、脱出を図ることが賢明である。

16

3 煙の拡散

無風時

無風時の開放空間における煙の拡散は、燃焼熱により密度が小さくなるため軽く、上昇気流となって立ち上る。

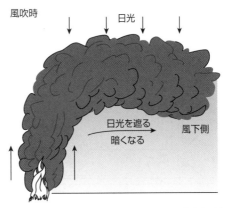

風吹時

風が吹くと煙は一旦立ち上ってから風下側へ流され拡散する。強風になると地表をはうようになり、火点付近では、熱気のプルームとなって消防隊に襲い掛かってくるので、風向きに注意を払う必要がある。

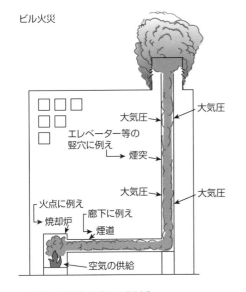

ビル火災

大気圧は、地表と上空とでは僅かながら圧力差がある。この差を受けないようにしたものが煙突で、地表の圧力が上空まで維持され、煙突の先端部の気圧の低いところで、煙の浮力も加わって、勢いよく吐出するようになっている。

焼却炉を火点に置き換え、発生した煙が煙道をはう様を廊下に例えると、煙の拡散する速度は遅いが、煙突の竪穴部分に接続されると、急激に速度を速めて上昇する、いわゆる煙突効果が起きる。屋上から煙が噴出している場合は、下階からの空気の供給があるものと推測できる。

4 火災の温度と煙の関係

消火活動に当たる消防隊員は、火災で生じた煙に立ちふさがれ活動に支障を来すことがあるので、煙の性状等をよく知る必要がある。

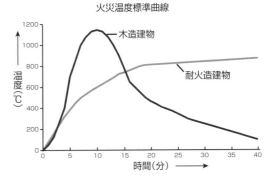

火災温度標準曲線

火災による建物空間の空気の体積は、温度の上昇とともに増大し軽くなる。この火災室の空間は、燃焼によって生じた熱量に比例して煙の量も多くなる。燃える内容物にもよるが、一般の建築空間では、周囲からの空気の供給が十分であるため、火災温度は800℃以上にもなり、煙の量も多い。一方、閉鎖的空間の火災においては、空気の供給が不足気味であるため、火災温度が上がらず、煙の量も少なめになる。

建物の形状によっても、火災で発生する煙の濃度や温度に大きな差がある。すなわち、一般の建物空間と閉鎖的空間及び開放的空間の三つの空間においては、明確な違いが見られる。

火災と熱

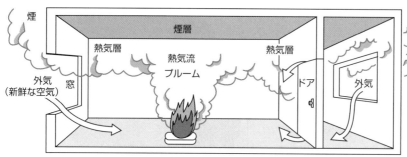

部屋の中で物が燃えると、煙と熱気は何倍にも膨張して、その膨張する力で開口部から外気に出る。

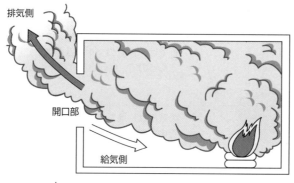

開口部からは、高温熱気が排気側へ出る。これを補うように給気側から外気が進入する。

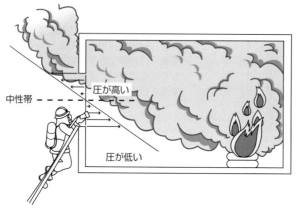

てい上注水時には、中性帯以上に頭を上げないようにすると濃煙熱気を浴びることが少ない。

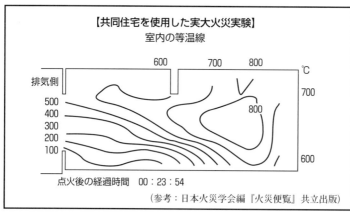

点火後23分54秒で室内が800℃に達している。天井面は600～800℃となっているが、床面は100℃のところもあり、火災室の温度は均一ではない。
給気側の床面は温度が低い。ここに要救助者が倒れているケースがある。

延焼の種類

　火災の成長は、熱エネルギーの伝わり方によって大きく左右される。火災に成長するための発熱や熱伝導のメカニズムを理解することは、火災防ぎょ活動を円滑に遂行するための大切な要素となる。延焼の種類としては、接炎、放射、対流及び飛火の4種類である。

1　接炎延焼

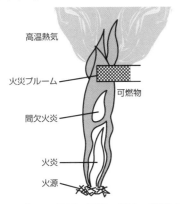

火災プルーム
建物等の火災時には、炎を上げて物が燃え出す。火源の直上に発生する火炎の上に一定の間隔を置いて立ち上ったり、止まったりするように見える炎が、間欠火炎と呼ばれるもので、これら全体を包み込む炎の塊が火災プルームである。
火災プルームは可視することはできない。

熱の伝わり方は、放射、伝導、対流、移流の4種類に分けられる。

2　放射延焼
都市ガスの爆発範囲は5〜36％で着火温度が550〜600℃であるので、対空気比重が0.66と軽く、上空に浮遊したガスが着火し大爆発した場合には、数百mにも及ぶ火の球（ファイアボール）が発生。強烈な熱線の放射で火傷を負うこともある。

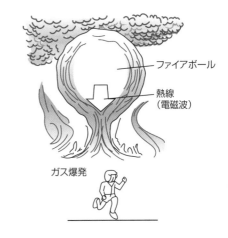

伝導

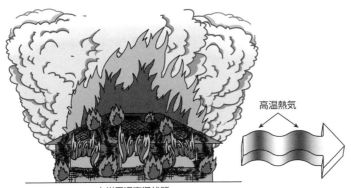

地震災害時に大火が発生し、高温熱気の塊が川を飛び越え対岸に吹き付け、燃え広がった記録があることから、火災現場から高温熱気が次々に生まれ、周辺の空気を熱しながら、熱移動が発生したものと考えられている。

3 対流延焼

火災における上昇気流を補うための建物周囲からの空気の流入と上昇した気流が冷えて下降することにより、一種の対流が引き起こされる。

LPガスは、対空気比重1.5〜2であり、漏れると低所に溜まる。着火すると周囲に爆発的に燃え広がる移流が発生する。

4 飛火延焼

火災のときは火粉が発生する。この火粉が強風に運ばれて風下側の離れたところで着火し、次々と火災が発生する。

2 火災の現象

延焼の順序

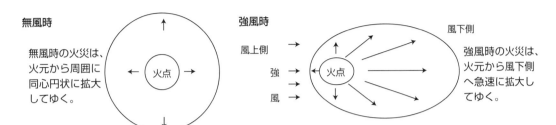

無風時

無風時の火災は、火元から周囲に同心円状に拡大してゆく。

強風時

強風時の火災は、火元から風下側へ急速に拡大してゆく。

【木造建物火災】

木造建物火災は、建物全体が燃えやすいことから、開口部や隙間から激しく炎を噴き出して燃える。

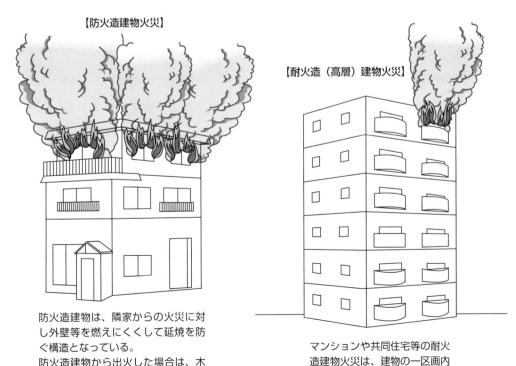

【防火造建物火災】

防火造建物は、隣家からの火災に対し外壁等を燃えにくくして延焼を防ぐ構造となっている。
防火造建物から出火した場合は、木造建物火災と同じように燃え上がる。

【耐火造(高層)建物火災】

マンションや共同住宅等の耐火造建物火災は、建物の一区画内の可燃物が燃える。

●木造建物火災の延焼順序

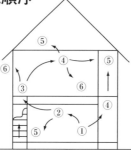

一般の木造建物延焼順序

木造建物火災の内部の延焼経路は、建物構造等により一律ではないが、一般的には上方への延焼が最も早く、次いで横方向へ拡大し、3番目には下方へ延焼する。

初　期

1階の居室の可燃物が燃え上がり出火

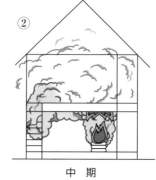

中　期

1階の居室の天井が燃え始める。

1階の居室の高温熱気が階段から2階へ入り延焼拡大する。

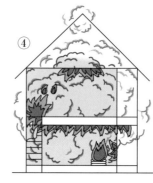

1階からの高温熱気は2階の天井を燃やし始める。

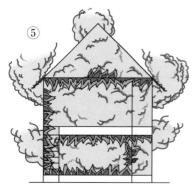

2階の天井の燃え抜けが始まったころに1階の床も燃え始める。

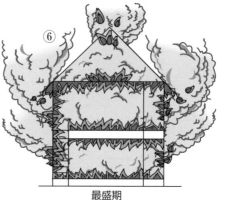

最盛期

建物の小屋裏が燃え始めた時点で建物全体の開口部から炎と煙を噴き出して、火災の最盛期を迎える。

■木造建物内部の延焼防止措置

　界壁、間仕切壁及び隔壁は、大規模な木造建物から出火した場合に延焼拡大を防止するために設けられたものである。

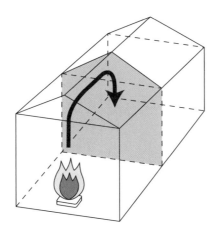

【界壁】
長屋と共同住宅の各住戸の界壁は、耐火構造か防火構造になっており、小屋裏や天井裏まで達している。

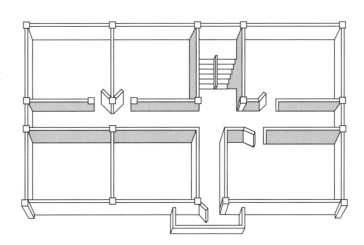

【間仕切壁】
学校や病院、ホテル等の建物の防火上主要な間仕切壁を耐火構造か防火構造にして、避難路を燃えにくくして避難路を確保している。

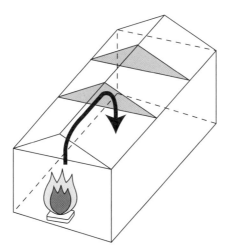

【隔壁】
一定面積を超える建物の小屋組が木造になっている場合は、一定間隔で小屋裏に達する耐火構造か防火構造の隔壁が設けられている。

●防火造建物火災の延焼順序

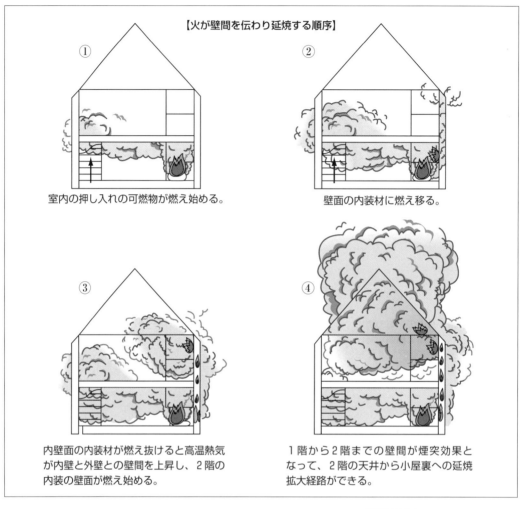

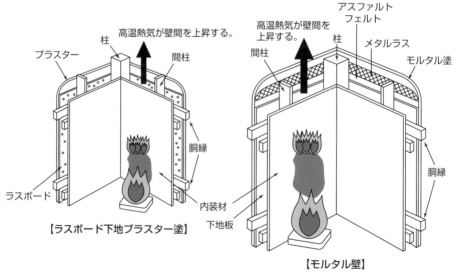

2 火災の現象

●高層建物火災の延焼経路

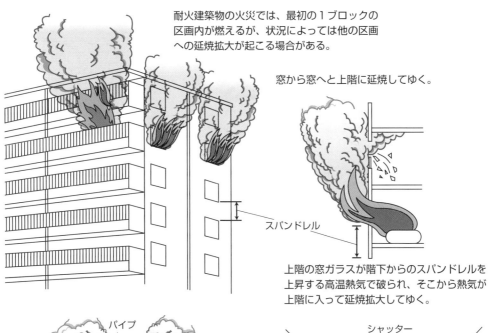

耐火建築物の火災では、最初の1ブロックの区画内が燃えるが、状況によっては他の区画への延焼拡大が起こる場合がある。

窓から窓へと上階に延焼してゆく。

上階の窓ガラスが階下からのスパンドレルを上昇する高温熱気で破られ、そこから熱気が上階に入って延焼拡大してゆく。

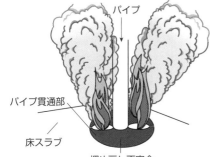

床スラブのパイプ貫通部の埋め戻しが不完全だと、そこから上階へ高温熱気が進入する。

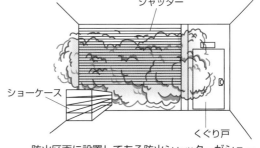

防火区画に設置してある防火シャッターがショーケース等の障害で完全に閉まらないと高温熱気が他の区画に入り延焼拡大する。

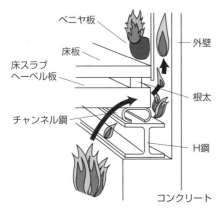

床スラブのヘーベル板とH鋼の隙間をついて延焼拡大する場合がある。

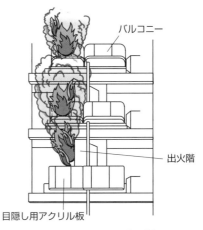

バルコニーに目隠しのためアクリル板が使用されていると、アクリル板を介して次々と上階へ延焼拡大してゆく。

■耐火建物内部の延焼防止措置

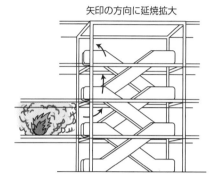

竪穴区画（垂直方向への延焼防止）

矢印の方向に延焼拡大

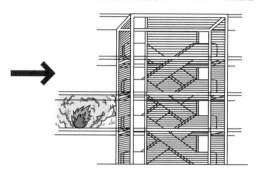

エスカレーター区画
（火災発生と同時にシャッターで区画）

耐火建物火災は、出火した階から竪穴区画の垂直方向へ急激に拡大することから、火災発生と同時にエスカレーターの竪穴区画を防火シャッターで閉じて延焼拡大の防止を図る。一般的には、竪穴区画の防火シャッターの制御は各階の制御であるが、大空間の場合は竪穴区画全体の防火シャッターが閉じる構造のものもある。

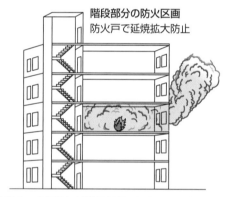

階段部分の防火区画
防火戸で延焼拡大防止

エレベーターの防火区画

火災室の高温熱気が階段部分の竪穴区画へ進入するのを防止するため、出入口の扉には特定防火設備が設置してある。

火災室の高温熱気がエレベーターの竪穴区画へ進入するのを防止するため、エレベーターの乗り場のドアには特定防火設備が設置してある。

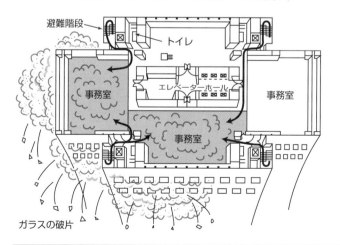

超高層建築物　面積区画（横方向への延焼防止）

防火区画や間仕切で横方向への延焼が止まる場合がある。消防隊は火災階の階下まで非常用エレベーターで上がる。階下に橋頭堡（きょうとうほ）を築き、これを足場に階段をホース延長して火災室へ突入していく。
消防隊専用のエレベーターには、空気呼吸器や予備ボンベ、ホース、筒先、破壊器具、照明器具、小型ポンプ、赤外線カメラ、ロープ等を積み込む。
送水は連結送水管を用いる。

●街区火災の延焼防止

【延焼防止】

住宅地の建物は、道路や庭で隔てられていることから、炎上建物側面の両隣の建物へ注水や水幕で延焼阻止を行う。

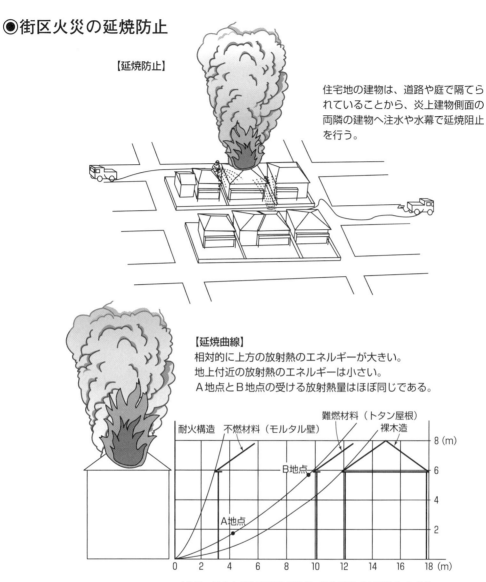

【延焼曲線】
相対的に上方の放射熱のエネルギーが大きい。
地上付近の放射熱のエネルギーは小さい。
Ａ地点とＢ地点の受ける放射熱量はほぼ同じである。

(参考：日本大学生産工学部教授　横井鎮男『火災現象（一）』)

【密集街区火災】
密集街区では、隣接建物への延焼阻止は困難を来す。
街区内の建物を巨大建物と見立てた火災防ぎょを行う。
出動各隊は、巨大建物の火災室の鎮圧と同じ考えで行動する。
後着隊は、耐火造建物へ警戒筒先で進入する。

27

●火災防ぎょ戦術

火災防ぎょには、戦略と戦術がある。

戦略は、戦術より広範な作戦計画で、各種の火災を統括した全局的な運用方針を指し、戦術は、個々に有する戦法を有効に発揮しながら目的を達成するための手段である。

大規模火災の対応等は、警防計画で消防隊を全局的に運用する作戦を立て、戦術として小規模火災時における消防力の運用法を用いる。

1　防ぎょ戦術の基盤
防ぎょ戦術の基盤は、火災の延焼力と消防力の相互の力関係で決まる。

2　防ぎょ戦術の態様
防ぎょ戦術の態様は、攻勢と守勢の防ぎょに二分される。まさに守りながら攻めるである。
(1) 攻撃防ぎょ
　消防力を火点に集中し一挙に鎮圧する方法である。
(2) 守勢防ぎょ
　延焼を防止しながら火点を消火する方法である。

3　防ぎょ戦術の種類
防ぎょ戦術の種類としては、包囲戦術、挟撃戦術、街区（ブロック）戦術、重点戦術及び集中戦術がある。
(1) 包囲戦術
　火点を四方から包囲して消火する戦術である。
(2) 挟撃戦術
　火点を挟む形で両側から攻撃する戦術である。
(3) 街区（ブロック）戦術
　碁盤の目のような分割された一画で発生した火災を街区ごと包囲して消火する戦術である。
(4) 重点戦術
　学校や病院等、避難者の保護に使用できる施設や負傷者の治療に当たる施設を優先的にガードする戦術である。
(5) 集中戦術
　危険物施設の火災等で、大部隊を集結させておいて体制を整えておいてから、一挙に鎮圧を図る戦術である。

包囲戦術

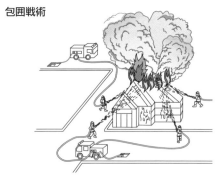

挟撃戦術

街区(ブロック)戦術

重点戦術

集中戦術

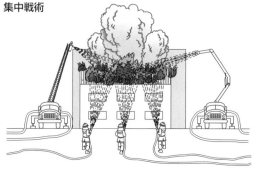

4 防ぎょ戦術の基本

火災は成長期の当たりで消火できることが理想的である。現実においては、必要最小限の消防力で対処し、火勢の状況に応じて部隊の増強を図るようになっている。

5 火災防ぎょの例

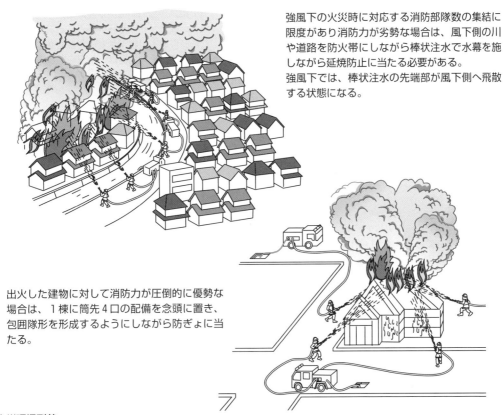

強風下の火災時に対応する消防部隊数の集結に限度があり消防力が劣勢な場合は、風下側の川や道路を防火帯にしながら棒状注水で水幕を施しながら延焼防止に当たる必要がある。
強風下では、棒状注水の先端部が風下側へ飛散する状態になる。

出火した建物に対して消防力が圧倒的に優勢な場合は、1棟に筒先4口の配備を念頭に置き、包囲隊形を形成するようにしながら防ぎょに当たる。

火災現場到着

消防隊は、火災現場に到着次第、事前の計画を考慮に入れながら消防活動に入る。現場に最先着した部隊は、まず、関係者から逃げ遅れの有無を聴取するとともに、経験を積んだ隊員の確かな目で人命検索を行い、並行して消火活動に入る。

現場到着時、消防隊が要救助者を発見したら、他のいかなる消防活動にも最優先し、全力を傾けて人命救助活動を実施する必要がある。放水も要救助者を輻射熱から守るためや救助隊員を援護するための噴霧注水を行う。

火災現場から消防機関が至近距離の場合は、火災の進展が初期から中期である場合が多い。この時機の火災状況は変化が最も激しいが、2階から出火の場合は、状況にもよるが1口を延焼防止に充て、もう一方の1口で一挙に鎮圧を図る必要がある。

建物の1階部分から出火した場合は、消防隊到着時2階部分にも延焼拡大しているものと予測されることから、2階への進入を図るとともに、もう一方の1口で1階の消火活動と同時に隣接建物への延焼拡大を防止する目的で、警戒のための予備注水を行う必要がある。

街区の角地のような所の火災で、道路面の空地に余裕があり、さらには公園等が近接している場合は、消火の主眼を炎上中の建物と隣接する建物に置くことができる。
注水に当たっては、炎上建物に2〜3割程度、7〜8割は隣接建物への冷却注水となるように心掛けるようにする。
また、有効な注水が最も安全に適確に達成できる場所に筒先部署するようにしながら、延焼の阻止を最優先に対処する。
火災は時間と共に拡大することから、機先を制することが可能になるよう筒先の移動が容易に行える場所を選定する。

2 火災の現象

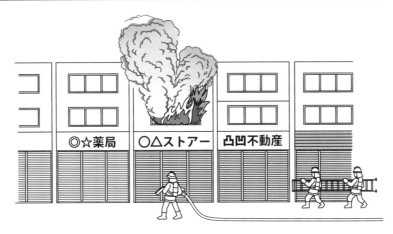

商店街のような軒をつらねた建物が立ち並び、間隔も狭く、間に人が入り込めないようなところの火災を面火災という。
夜間、炎上中の建物は、1階部分の簡易シャッターが閉じられていることが多く、先着隊は、バール等で掛け金を破壊したり、エンジンカッターで切断する等してから屋内に進入して、人命検索や延焼拡大の有無を確認するといった厄介な消防活動を強いられる。したがって、隣接する建物の人命検索や消火活動については、後着部隊に委ねる必要がある。

駅前再開発計画があるような木造建物が密集するところで発生するのが街区の内部火災である。これらの場所は細い路地が入り組み、消防隊にとっては、火点付近が煙に妨げられてたどり着くにも大変な火災現場である。
路地裏深く入り込んだ先着隊は、ハンドマイクを併用しながら、火点周辺の扉を戸別にたたいて、避難状況を確認する必要がある。また、煙で視界が遮られ、注水が壁や塀に当たって有効注水にならないこともあって、火勢が強まり、転戦を余儀なくされることがある。空気呼吸器の面体を通じて、輻射熱によって痛みを感じるような熱気がある場合は、退却のタイムリミットである。
退く場合は、ホース伝いに行うことが確実である。

木造の建物火災時に隣接するビルが存在する場合は、ビルの開口部から接炎や熱気流によって、ビルに延焼拡大する場合がある。
一度ビルに燃え移ってしまうとビル火災に発展してしまい難儀な火災防ぎょを強いられることになる。
先着隊は、避難状況やビルへの延焼状況の確認といったことに忙殺されることになる。
ビルへの延焼阻止を行うために、炎上中の建物への注水を行うと同時にビル側へ警戒のための予備注水を行う必要がある。

31

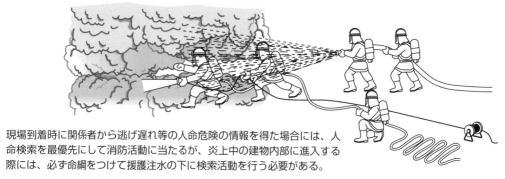

現場到着時に関係者から逃げ遅れ等の人命危険の情報を得た場合には、人命検索を最優先にして消防活動に当たるが、炎上中の建物内部に進入する際には、必ず命綱をつけて援護注水の下に検索活動を行う必要がある。

積載はしごを活用してい上放水するに当たっては、片足をはしごの横桟の裏側に掛けて身体の確保を図った上で、危害予防の観点から開口部が排煙口になっているような場合は、ストレート注水で行い、また、給気口になっている場合は、ストレート注水又はスプレー注水を行って、火炎の直撃を避けるようにしながら消火活動をする必要がある。

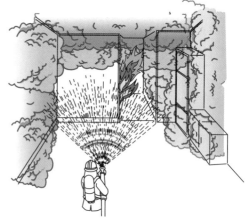

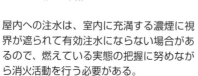

屋内への注水は、室内に充満する濃煙に視界が遮られて有効注水にならない場合があるので、燃えている実態の把握に努めながら消火活動を行う必要がある。

背面が崖の土留めをする擁壁のような延焼拡大の防止を図る地物が存在し、前面には広場等を有するような火災現場においては、逃げ遅れの確認後、周辺への延焼危険は小さいものと判断して、炎上中の建物の両側面から「挟撃」し、火災を挟み打つようにして、一挙に鎮圧を図る防ぎょ活動を行う必要がある。

大火災時には、圧倒的に優勢な火勢を迎え撃つことになり、消防力が劣勢を強いられる場合は、消防力の分散を図って対応することになる。
中でも、文化的に価値のある防火対象物や神社仏閣、社会生活に重要な病院、そして経済的にも守る必要のある変電所などの施設は重点戦術をとることが肝要である。現場到着後は、重要施設への延焼阻止に全力を傾け、延焼のおそれのある建物への警戒のための予備注水や逃げ遅れの確認といった消防活動に専念する必要がある。

はしごを上り下りする場合は、はしごの横桟を確実に握って、両足との「三点支持」で登る。
筒先を結合したホースを背負ってはしごを登る際に筒先が引っ掛かるような障害がある場合は、図のように筒先を背中に背負って、ホースの途中に半ひねりを加え、たすき掛けにして、筒先を固定しておいてから登ることが安全につながる。
はしごの途中に障害がなければ、筒先の背負バンドを肩に掛けて登っても何ら支障はない。

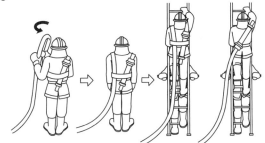

炎上中の建物の一方が広場や公園、川、広い道路に面していて、延焼のおそれがない場合は、両側面と背面の建物への延焼拡大が懸念されることから、先着隊は逃げ遅れの確認後、炎上中の建物と延焼のおそれのある建物へ警戒のための予備注水を行う必要がある。
また、隣接の間隔にもよるが、建物のバルコニー側は、光を取り入れる関係で開口部を広くしているため、その分だけ延焼の危険が大きくなる。そのため、バルコニーの有無で開口部の大きさを判断することができる。

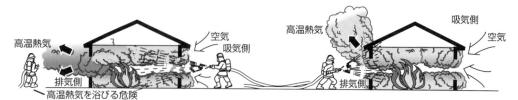

炎上中の建物火災現場において、風は火勢に大きな影響を与える。吸気側からは空気が入り、煙と熱気は排気側から排出されている。吸気側は風上側が多いので、ここから噴霧注水で開口部全体を覆うようにしながら注水すると噴霧注水圧力が加わり、排気側から煙と熱気が勢いよく排出する作用が起こるので、吸気側とは連絡を密にして、高温熱気による危害防止と延焼拡大の防止を図りながら消防活動に当たる必要がある。

状況にもよるが排気側からの噴霧注水は、噴霧注水圧力で吸気側から入り込む風圧を押しのける程の力はなく、排気側の煙や熱気をかき乱す程度であり、消火効果の期待は乏しくなることがある。

山際の傾面を切り開いて、住宅地にした地区の火災においては、無風の気象条件下で、延焼曲線から山側の建物への延焼拡大の危険が高く、平地側の建物よりも山側の隣接する建物を最重点に、逃げ遅れの確認及び消火活動をする必要がある。
したがって、炎上中の建物と延焼のおそれのある山側の建物に消火及び警戒のための予備注水を交互に行う必要がある。

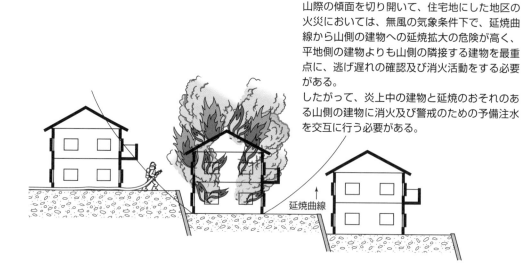

●防火構造

　我が国の木造家屋は火に弱く、家が密集しているところでは、燃え広がりが速く、度々、大火災に見舞われてきたものである。これらの欠点を補うために延焼のおそれのある部分を「防火構造」にして、延焼拡大を防ぐ工夫が施されている。

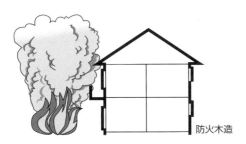

よそからの「もらい火」に対しては、屋根を瓦等でふき、外壁をモルタル等で仕上げることにより、さらに軒裏は火炎や熱気流にさらされることによって、火がつきやすいことから、この部分を防火構造にすることによって、木造家屋の防火性能が一段と向上するようになった。

一般家屋の出火を予想して、内壁や天井等に繊維強化セメント板や石こうボードを張り付け、さらに防火性能を有する扉を設置して、他の部屋への燃え広がりを遅らせる工夫が施された耐火木造家屋も造られている。

　木造家屋の防火性能を高めるために、石綿（アスベスト）を含んだ建築資材が使用されている。この石綿は、発がん物質を含んでいるため、破壊活動をする際には、プレシャデマンド形の空気呼吸器を装着し、粉じんの吸い込みを極力、避けるようにする必要がある。

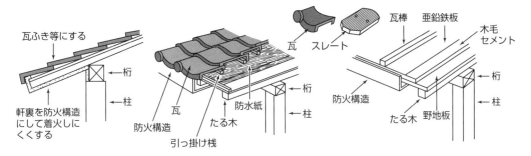

木造住宅は骨組みを構築する方法の違いにより、大きく軸組式と壁式に分けられる。中でも在来軸組構法（軸組式）と木造枠組壁構法（壁式）がよく知られている。

【在来軸組構(工)法】
日本の伝統的な木造建築構法で、木材の土台、柱やはりなどで構成される軸組で荷重を支える。

【木造枠組壁構(工)法(ツーバイフォー工法)】
竪枠と構造用合板の組合せによって壁体をつくって構造体を形成する構法である。基本となる柱の断面が２インチ×４インチであることから、ツーバイフォー工法とも呼ばれる。壁全体で荷重を支える。

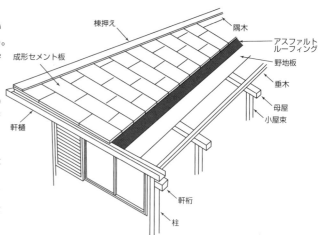

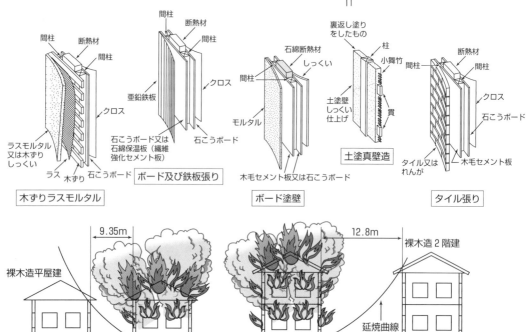

火災が最盛期を迎えた裸木造の建物が隣接する建物へ輻射熱によって延焼する距離は、平屋と平屋の距離であれば9.35m以上、２階建の場合は相互間の距離が12.8m以上、離れたものであれば、延焼の危険は小さいものと判断して、炎上中の建物の消火活動に専念することができる。隣接棟への予備注水は必要である。

防火構造の平屋建相互間の距離が３m、また、２階建相互間の距離が５m以上離れたものであれば、延焼の危険は小さいものと判断することができる。隣接棟への予備注水は必要である。

2 火災の現象

防火構造2階建の2階部分が炎上中の建物火災

隣接する平屋の家屋が延焼曲線から外れている場合、無風ならば延焼のおそれがないと判断し、炎上中の建物に対して消火活動に専念することができる。

防火構造2階建の建物が隣接する場合、この時点では平屋相互間の延焼曲線の距離3mをあてはめ、これを延焼拡大危険の一つの目安にして消火活動をする必要がある。

近年、耐火木造3階建の建物が増加する傾向にあるが、そもそもこれらの建物は、木造であることから延焼の拡大を遅らせることはできるが、一度、燃え上がってしまえば、時間的な経過とともに木造家屋の火災と同様の様相を呈するので、防火構造の建物と同じような消火活動を行う必要がある。

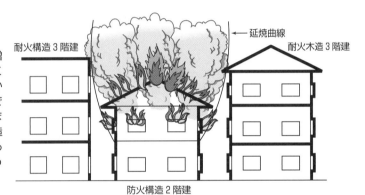

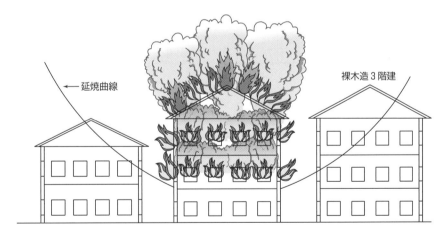

温泉地などには裸木造3階建の建物が数多く見受けられるが、これらの建物は、一度、出火すると火の回りが速く、急激に拡大する特徴を有している。
コンクリートの建物と違い構造用材そのものが木製であることから、燃料が多く存在するため、凄まじい火力で消防力を圧倒し、延焼拡大の危険がある。
そのため強風時には風下側に消防力を集中させるとともに、風上側にも適正な規模の消防力を配置して火災防ぎょに当たる必要がある。

37

●延焼のおそれのある部分

都市部の駅周辺等は、木造建物が密集することによって、火災の危険が増大することから木造の建物に防火性能をもたせ、延焼拡大の速度を鈍らせることによって、火災を小規模の段階で消火するといった考えの下に、都市計画法で定められた地域は、建築基準法で木造建物を「延焼のおそれのある部分」として規制することにより、都市を火災から守る仕組みになっているのである。

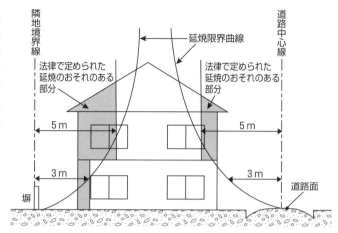

延焼のおそれのある部分とは

隣地境界線から
道路中心線から　　1階で3m以下の部分
建築物相互の外　　2階で5m以下の部分
壁間の中心線から

ただし、「防火上有効な公園、広場、川等の空地若しくは水面又は耐火構造の壁その他これらに類するものに面する部分を除く。」とされている。

法律では、木造の建物を延焼のおそれのある部分のみを防火構造にすればよいが、それでは建物が斑模様になり、見栄えが悪くなることから、延焼のおそれのある部分以外も防火構造にしているのが現実である。

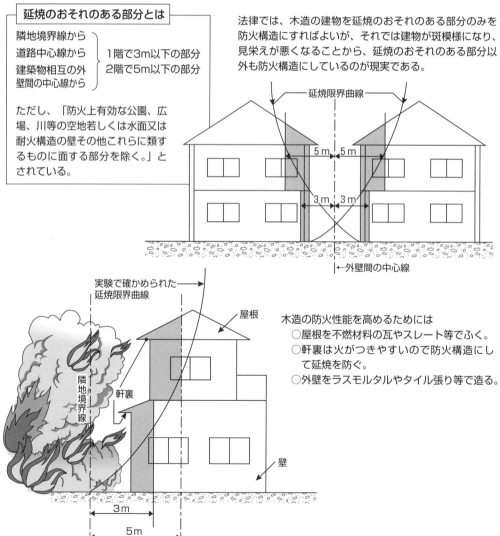

木造の防火性能を高めるためには
○屋根を不燃材料の瓦やスレート等でふく。
○軒裏は火がつきやすいので防火構造にして延焼を防ぐ。
○外壁をラスモルタルやタイル張り等で造る。

●警防計画

警防計画は、各消防本部における火災防ぎょ等の総合的な取り決めを消防職員に示達し了解されているものである。計画の概要は次のとおりである。

1　出動（場）計画
管内の火災発生危険度や延焼危険度を数値化したものと、気象その他の要因を加味し、出動する台数を決定している。この出動する台数は、火災の状況に応じて段階的に増強され、その種類は第１出動、第２出動及びその他の出動である。

2　水利統制計画
出動する消防隊が上水道の管路の水圧等を勘案し、水量不足により消防隊の共倒れを未然に防止するため、あらかじめ到着順に水利部署を割り当てて、効果的な部隊運用につなげる。

第2出動

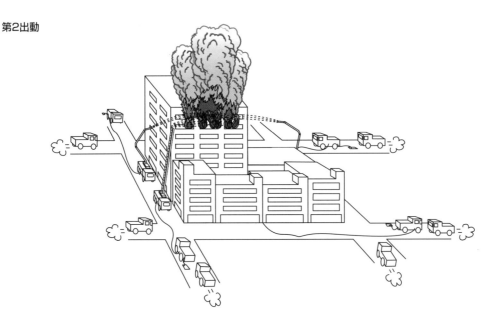

3　対象による計画
人的・物的被害が著しく大きい防ぎょ困難区域、特殊対象物及び通行止め時の計画は、別途定められている。

4　特異事象時の警防計画
火災警報発令時の計画や大規模火災時における大火流を道路、河川、空き地等の他に地形及び耐火建物群等を利用して火勢を阻止する計画が盛り込まれている。

5　特別警戒計画
実効湿度が低下する火災多発期特別警戒や年末年始における火災の警戒を持続する眼目で、特別警戒計画が定められている。
さらに、花火大会や祭礼等は、火災予防条例で届出が義務付けられているので、火災の発生や人出の雑踏による負傷者の救護等に対処するために、出動要領や警戒要領及び関係機関との連携についても計画が立てられている。

●装備の活用

　消防隊員は、隊員用の備品を身にまとい、装備車両で火災現場に臨場し、積載器具を駆使して現場活動を行う。

■装備車両
(1) 消防ポンプ自動車は、車両に水ポンプを搭載し、2口以上の放水が可能なものである。
(2) 水槽付消防ポンプ自動車は、1.5～2.0m³の水槽を据え付けた消防ポンプ自動車である。
(3) はしご自動車は、伸縮自在のはしごを搭載した車両で、屈折式と直伸式があり、先端の作業台から放水可能なものもある。
(4) 化学消防ポンプ車は、危険物火災などに対処する。水と原液を泡ノズルで発泡させて放射するタイプや、二酸化炭素や粉末消火剤を積載したものもあり、大型化学消防車にあっては、圧送自動比例混合装置を搭載した車両もある。

泡混合水に必要な水は消火栓水や中継送水されたものを中継口で受ける。
中継口コックを開くと水は水ポンプに流れ、さらに加圧される。
一方、泡タンクから原液が泡ポンプに流れる。泡ポンプは、電気モーター駆動で流量計測を元にした混合システムが働き、セットされた混合比率の消火剤が放口側の管路に注入される。
水ポンプで加圧された水は原液と混合し、吐水（放口）コックに結合されたホースに送られ、先端の泡ノズルで空気を取り入れ発泡したものがノズルから放射される。

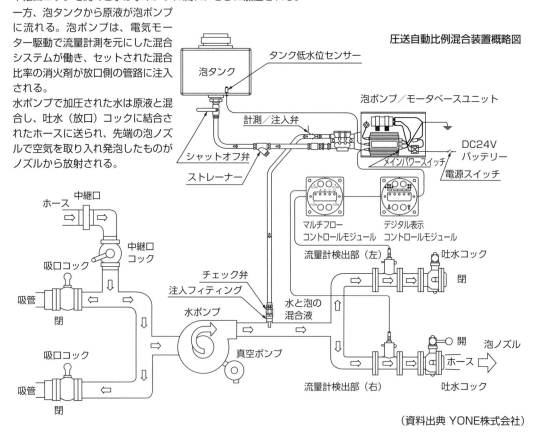

圧送自動比例混合装置概略図

（資料出典 YONE株式会社）

(5) 救助車は、救助に必要な器具を積載し、火災のみならずあらゆる災害に対処できる車両である。
(6) クレーン車は、消防活動における障害物の除去等に使用される車両である。
(7) 照明車は、夜間や暗いトンネルなどの事故現場で使用される車両である。
(8) 排煙車は、約150～500m³/minで送風、吸気などに使用する車両。高発泡機能を兼ねたものもある。
(9) 司令車は、通信機器等を備え関係機関との連絡に使用し、指揮本部も兼ねた車両である。
(10) 消防艇は、船舶火災等に使用する大容量のポンプを据え付けた船である。

3 消火剤を用いた消火法

窒息消火法

◉不燃性の気体で燃焼物を覆う方法

二酸化炭素(CO_2)及び窒素(N_2)ガスは、化学車に積載され消火活動に用いられている。

射程が短いため、火点に接近して放射する。

消火の際、吹き返しによってやけどする危険がある。

火点には放射しながら近づくとよい。

【二酸化炭素（CO_2）】

窒息消火の原理で消火する。

二酸化炭素は高圧でボンベに圧縮して液状で充塡されている。

消火の原理は、可燃物・酸素・熱の3要素のうち一つ以上を取り去って消火するものであり、すなわち二酸化炭素による空気の希釈作用によるものである。

二酸化炭素は気化膨張するときに生じる霧状のドライアイスによって燃焼物を若干、冷却して消火する冷却作用もある。

【窒素（N_2）】

消火の原理は、二酸化炭素と同様である。

【ハロン1301（ブロモトリフルオロメタン）】

燃焼の3要素の一つ以上を取り去って消火するのではなく、燃焼化学反応を抑制する作用、すなわち、燃焼の連鎖反応を止める作用（不触媒作用）によって消火する。

ほかに消火剤として次のようなものがある。

    ハロン1211（ブロモクロロジフルオロメタン）
    ハロン2402（ジブロモテトラフルオロエタン）
    HFC-23（トリフルオロメタン）
    HFC-227ea（ヘプタフルオロプロパン）
    FK-5-1-12（ドデカフルオロ-2-メチルペンタン-3-オン）

消火剤としては非常に優れたものであるが、大気圏のオゾン層を破壊することから「モントリオール議定書」により使用の抑制が行われている。

●不燃性の泡で燃焼物を覆う方法

■石油タンク火災

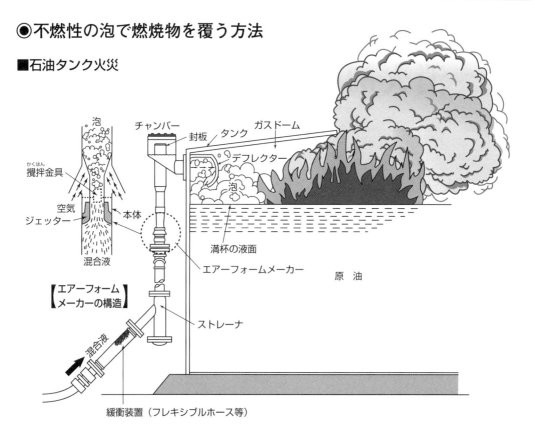

　油脂類などの消火が困難な可燃性液体の火災は、泡で液面を覆って可燃性の蒸気を封じ込めて消火する。

　発泡の方法としては、次のようなものがある。
- 化学消防車で水と消火薬剤とを比例混合して、泡ノズルで空気を吸引して空気泡（エアーフォーム）を生成するタイプ
- エアーフォームノズルの原液吸引ホースで泡原液缶から消火剤を吸引して混合液が作られ、泡ノズルで空気と混合して泡を生成するタイプ
- ホースの途中において、ラインプロポーショナー方式で、原液を吸引して泡ノズルで泡を生成するタイプ

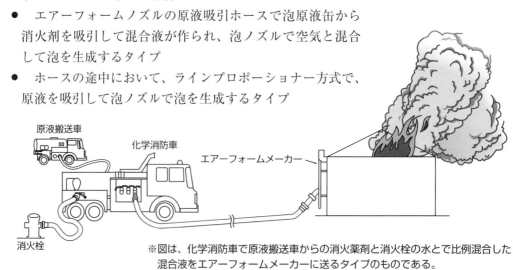

※図は、化学消防車で原液搬送車からの消火薬剤と消火栓の水とで比例混合した混合液をエアーフォームメーカーに送るタイプのものである。

3 消火剤を用いた消火法

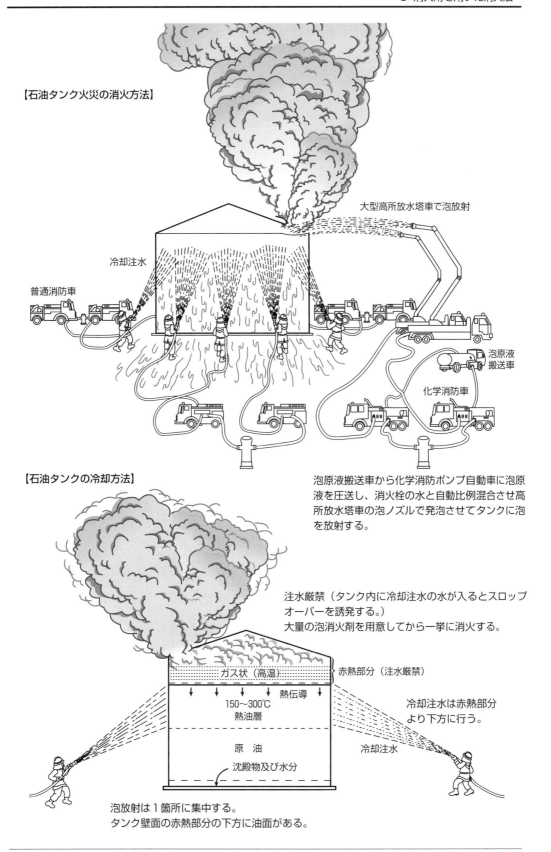

■窒息消火

泡の被膜が途切れないように大量の泡原液を用意して消火を開始する。
風上側から火面を覆うように泡放射を行う。

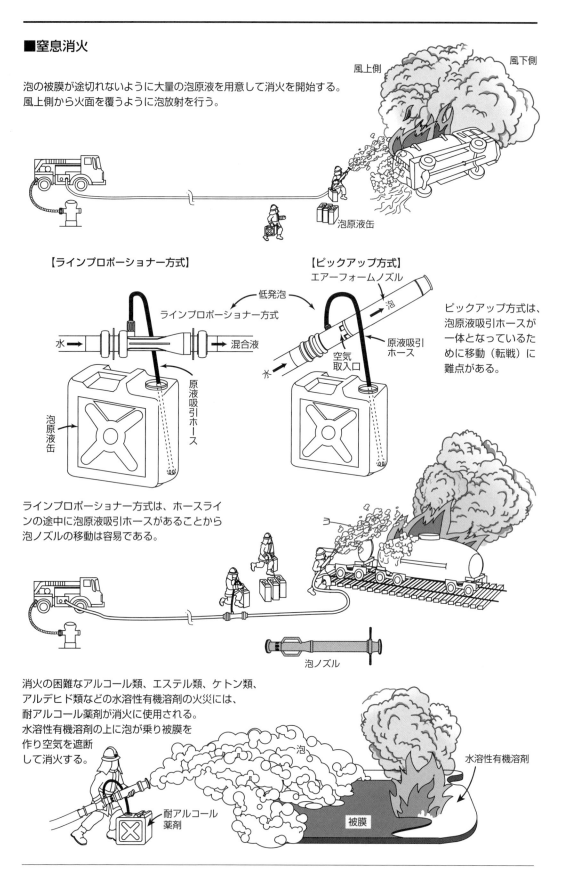

ラインプロポーショナー方式は、ホースラインの途中に泡原液吸引ホースがあることから泡ノズルの移動は容易である。

ピックアップ方式は、泡原液吸引ホースが一体となっているために移動（転戦）に難点がある。

消火の困難なアルコール類、エステル類、ケトン類、アルデヒド類などの水溶性有機溶剤の火災には、耐アルコール薬剤が消火に使用される。
水溶性有機溶剤の上に泡が乗り被膜を作り空気を遮断して消火する。

3 消火剤を用いた消火法

【高発泡】
高発泡は泡の膨張比が非常に高い。
もともと、鉱山の坑道火災用に開発されたものである。
大量の泡を流下させ、火災室を泡で充満させておいて可燃物を泡で覆って窒息消火するものである。
泡を充満させることによって火災室を排煙する効果もある。
地下街や地下室の火災の消火に適している。

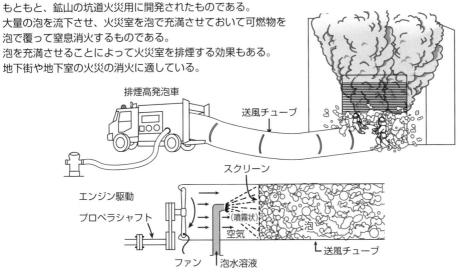

消火栓又は中継送水の水と泡原液タンクの薬液とをラインプロポーショナー方式で混合液を作り、これをスクリーンに噴霧状にして打ち当てて泡立て、勢いよく送風チューブで送泡する。

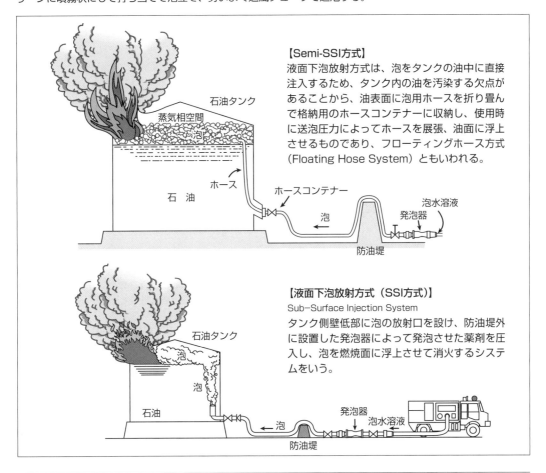

【Semi-SSI方式】
液面下泡放射方式は、泡をタンクの油中に直接注入するため、タンク内の油を汚染する欠点があることから、油表面に泡用ホースを折り畳んで格納用のホースコンテナーに収納し、使用時に送泡圧力によってホースを展張、油面に浮上させるものであり、フローティングホース方式(Floating Hose System)ともいわれる。

【液面下泡放射方式（SSI方式）】
Sub-Surface Injection System
タンク側壁低部に泡の放射口を設け、防油堤外に設置した発泡器によって発泡させた薬剤を圧入し、泡を燃焼面に浮上させて消火するシステムをいう。

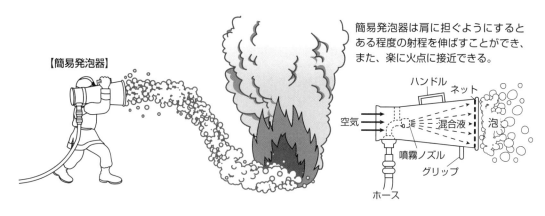

【簡易発泡器】

簡易発泡器は肩に担ぐようにするとある程度の射程を伸ばすことができ、また、楽に火点に接近できる。

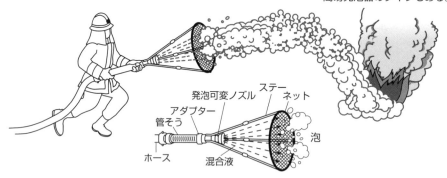

管そうの先端に簡易ネットを取り付けた簡易発泡器のタイプもある。

【低発泡】
消防隊が使用するラインプロポーショナー方式及びピックアップ方式の泡の混合は、低発泡のものである。
水と泡消火薬剤と空気の三つを混ぜ合わせると泡が発生する。
泡の膨張割合を膨張比で表す。
水と泡消火薬剤の混合液の体積が泡になった場合に何倍になるのかの比率を膨張比で表す。
膨張比が20以下を低発泡といい、80から1,000の高い倍率のものを高発泡という。
簡易発泡器では120から250の高発泡を作ることができる。
高発泡は射程が短いため火点に最接近して消火活動しなければならない難点がある。
低発泡は射程が比較的長いので火災の放射熱からは幾分逃れられる。

【界面活性剤】
窒息消火法として、不燃性の泡で燃焼物を覆う方法がとられる。この泡剤の中に空気泡消火剤（エアーフォーム）がある。空気泡消火剤としては、界面活性剤や水成膜泡（ライトウォーター）がある。
界面活性剤は、界面に集まりやすく、少量で界面張力を小さくする作用をもつ物質である。例えば、せっけん水は水より界面張力が小さいが、これはせっけんの分子中にある疎水基と親水基のため分子が界面に吸着され、界面を広げようとする作用が界面張力を弱めることによるものである。
疎水基とは、極性が小さく水分子との親和性が小さい基である。水となじみにくい性質のものである。
極性とは、分子全体として、また、二原子間の結合において、正負の電荷の分布が不均等であることをいう。
電荷とは、周囲に電場をつくったり、また、運動して磁場をつくったりする、全ての電気現象の元になるものをさす。
界面とは、お互いに接触している二つの相の境界面をさす。相とは、物質系の中で、状態が均一でかつ明確な境界をもち、他と区別される領域をいう。気体、液体、固体の相をそれぞれ気相、液相、固相という。
この界面とは、水や油の表面、すなわち、水や油と空気の境界面をさす。その界面を僅かな量の薬剤で著しく活発にする性質をもつものが、界面活性剤である。泡や膜ができるのもその効果によるものである。合成洗剤もその1種である。

4 消防警戒区域と火災警戒区域

　消防警戒区域とは、火災現場において、生命や身体に対する危険を防止するため、さらには、消火活動、火災調査等のために、関係者以外の者を退去するように命じたり、現場付近に出入りするのを禁止又は制限する区域で、消防吏員等が設定する（消防法第28条）。
　不特定多数の者を一定の時間、束縛する行為であるから、口頭だけでなく、ロープ等によって具体的に行う。
　この職権は、消防吏員以外に消防団員も有している。
　消防吏員や消防団員が現場にいない場合や消防吏員や消防団員が要求した場合のいずれかに限り、警察官がこの職権を行うことができる。
　また、火災現場の上席消防職員が指揮して、消防警戒区域を設定する場合は、警察官がこれを援助しなければならない。
　この区域に出入り禁止や制限を受けない者の範囲は、消防法施行規則第48条で定めている。

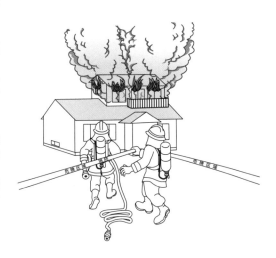

　火災警戒区域とは、ガス、火薬類又は危険物の漏えい、飛散、流出等の事故が発生した場合に、火災の発生及び人命や財産に対する危険を未然に防止するために、消防長や消防署長あるいは警察署長によって、設定される（消防法第23条の2）。
　この区域内においては、火気の使用が禁止されたり、関係者以外の者の退去を命じたり、その区域内への出入りを禁止又は制限することができる。
　消防隊は、現場到着後直ちに消防車に積載されているスピーカーで、広報活動を展開して火気の使用を控えるよう関係者に働き掛けを行う。
　この区域に出入りの制限を受けない者の範囲は、消防法施行規則第45条で定めている。

5 安 全 管 理

　火災や災害に立ち向かう消防隊にとって、出動指令から帰署し解散するまでの間は、危険が付きまとい油断できない時間帯でもある。そのため危険を回避する努力も求められる。
　隊員は仮眠中に指令が入ると即行動開始となるが、脳はまだ正常に機能しておらず、そのため転倒や階段の踏み外しにつながることもあり、また、現場へ急行中に対向車と接触するといったケースや、現場到着後にも落下した軒瓦の下敷になるなど、危険をはらむ要因は、枚挙にいとまがないのである。
　昼間と夜間とでは、光と暗がりの差が現れ視野が大幅に狭まり、前方のみに気を取られ足下が不用心になり、蓋のない側溝や水路にはまるようなことも起きるのである。
　危険極まりない災害現場においては、一瞬の判断が事を左右する場合がある。いわゆる職業によって培われた経験則や直感、第六感の働きで危険を回避する。勘の冴えが物をいうことがある。

出動途上で
交通事故を起こした。

スピード出し過ぎにより
消防車を横転させた。

凍り付いた路面で
滑って転倒した。

化学製品の爆発に遭遇した。

てい上放水時にはしごとともに
転倒した。

てい上放水時に横向きに転倒した。

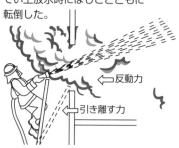
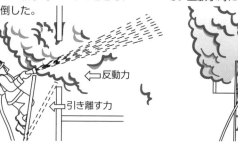

2階床面の燃え抜け部分から落下した。

放水で吹き飛ばされた落下物に接触した。

ホースの結合金具が外れて、送水不能となり一酸化炭素を吸い込み、搬送された。

事故防止を図るためには、安全管理規程を順守し反復訓練を実施して技術の習熟に努めることが大事である。

5 安全管理

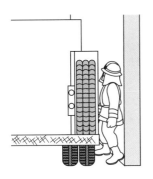

狭あい箇所を通過誘導中に車側面が当たり負傷した。

消防車の後退を誘導中に車後部が当たり負傷した。

前の消防車が急停車したため後続の消防車が追突した。

消防車が急停車し、前の座席の握り棒に顔面を打ちつけて負傷した。

仮眠中に火災指令で二段ベッドから飛び起きて足をくじいた。

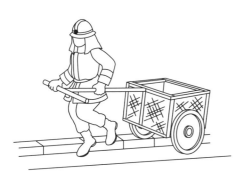

カーブを曲がり切れずに歩道から車道にホースカーの車輪の片側がはみ出した途端に転覆して負傷した。

ホースを延長中に結合で顎を打ち負傷した。

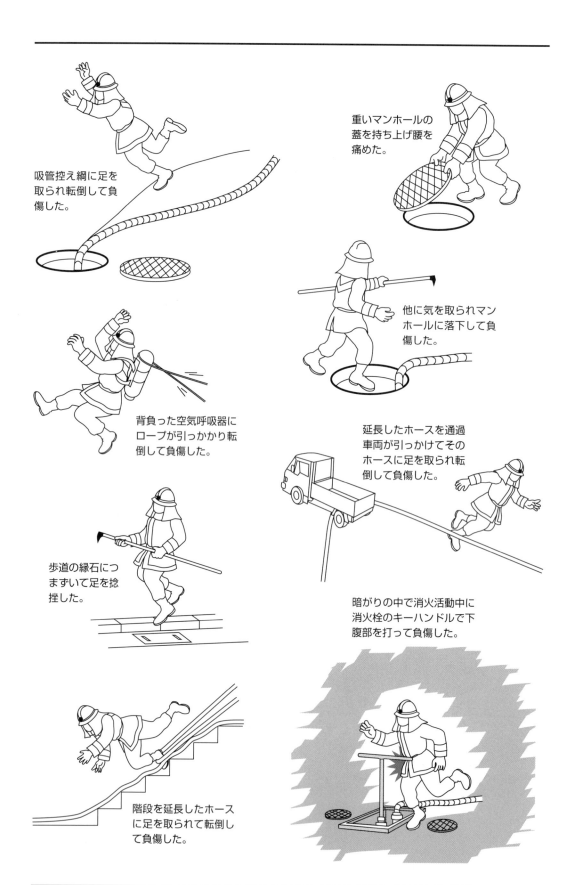

5 安全管理

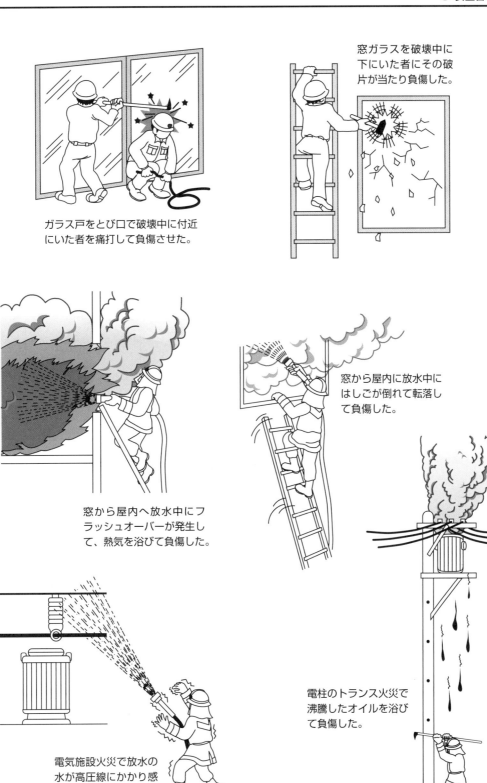

※ 安全性が必要な箇所には、モールド、乾式、ガス式などの火災の危険性が低い絶縁体を使用した変圧器が設置されている。

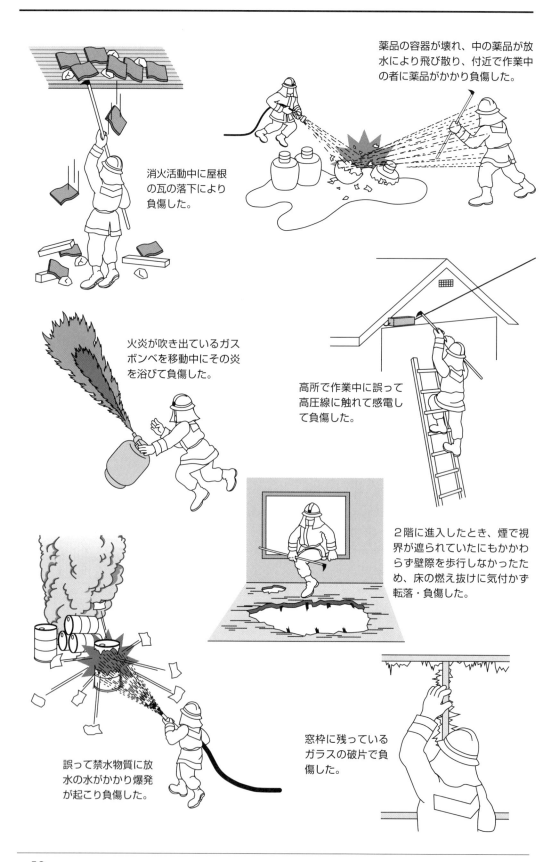

6 火災防ぎょ行動

火災出動

　火災の出動に当たっては、火災現場に最も迅速、かつ、安全に到達できるように、出動途上の地形、道路状況、水利の選択、出動各隊との連携も加味しながら、炎上建物を包囲できるような道路の選定に心掛ける。

■**安全走行**

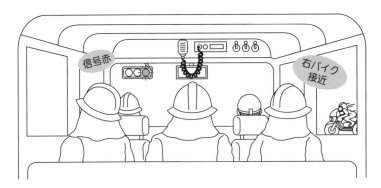

赤信号の交差点では一時停止し、急接近のバイクは通過させる。
一時停止の避譲車両等の安全を確認してから徐行しながら通過する。

見通しの悪い丁字路では、緊急自動車の接近で路地から出てきた車両と右折車が衝突し、これに緊急自動車が追突する等の多重事故が発生する場合があるので注意を要する。

坂道のカーブは対向車がはみ出して走行してくる場合があるので注意を要する。

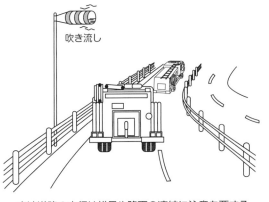

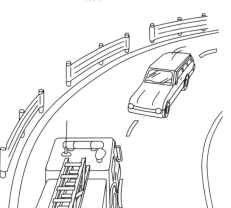

高速道路の走行は横風や路面の凍結に注意を要する。

水利部署

　消防隊が注水のため水利の位置につくことを水利部署といい、水利の選定に当たっては、火点包囲の原則に従い、先着隊は火点直近の水利に部署し、続いて到着する隊は火点付近の水利に部署する。後着隊にあっては、消火栓の共倒れの防止の意味合いからも水量豊富な自然水利に部署することが大切である。

1　消火栓

【地下式消火栓鉄蓋】
消火栓や貯水槽の鉄蓋は、腰を落とし背筋を伸ばしておいて膝の屈伸の要領で持ち上げると腰を痛めない。

【双口地下式消火栓】
消火栓の配管内は錆や水あかがたまっているので、いったん消火栓キーハンドルでスピンドルを回して赤錆の混じった水を噴き出させてから吸管の結合を行う。

双口地下式消火栓は、消火栓キーハンドルを回すと双方の放口から水が噴き出すが、一方の放口に吸管を結合し、もう一方は覆冠で放口からの水の出を止めている。

※単口式の覆冠は引っ張ると外れる。
消火栓の位置が深い場合は、スタンドパイプを放口に結合しておいて、吸管を結合すると吸管を離脱する際に容易に放口から外すことができる。

【双口地上式消火栓】
消火栓キーハンドルでスピンドルを回して開閉した後、副弁も回して開閉しないと通水しない。

双口地上式消火栓は、いったん吸管を結合する側の放口の副弁を消火栓キーハンドルで開いておいてから、消火栓キーハンドルでスピンドルを開くと容易に通水する。

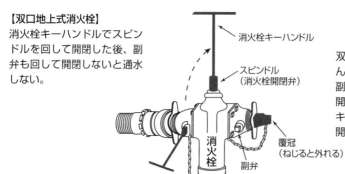

6 火災防ぎょ行動

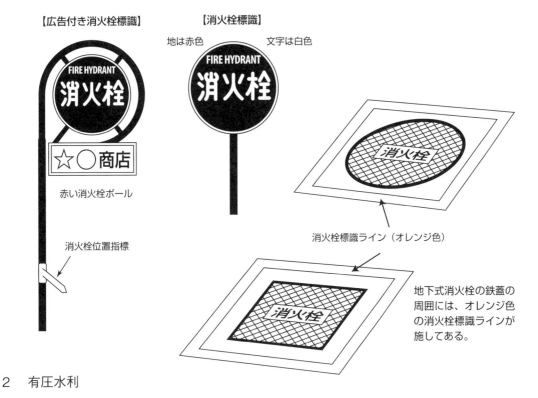

2 有圧水利

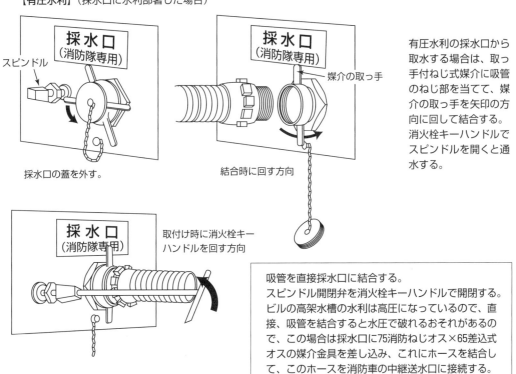

3 自然水利

川のような自然水利に部署し、消防車まで距離がある場合は、伸ばした吸管の反対側の吸管を外して、吸管2本にすると吸水可能である。

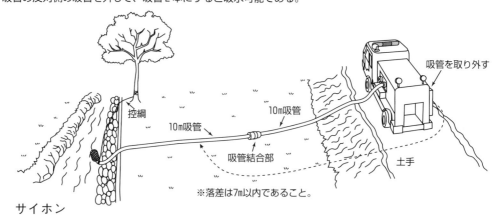

4 サイホン

サイホンとは、圧力差を利用して、液体をその液面より高い所へいったん導いて低い所に移す曲がった管を指す。

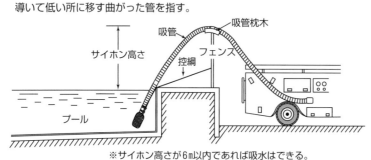

プールに水利部署をした場合は、フェンスを頂上とした山なりに吸管伸長するとサイホンとなる。この吸管の結合部等から吸管内に空気が進入すると吸管の頂上部に空気だまりができやすくなり、ポンプ内の水が落水する。

5 ダムの水利

ダム等の高落差の水利は、湖面の近くに小型動力ポンプを下ろして、そこから消防ポンプ自動車等に中継送水する方式で水利部署をする。

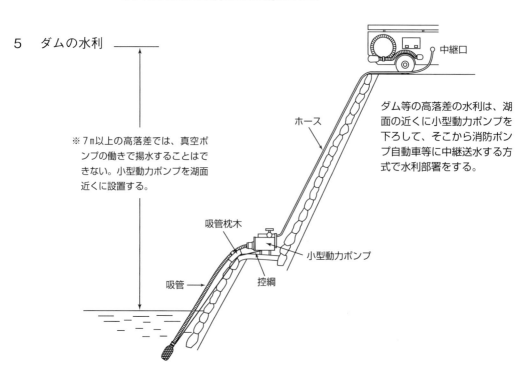

6 火災防ぎょ行動

6 防火水槽

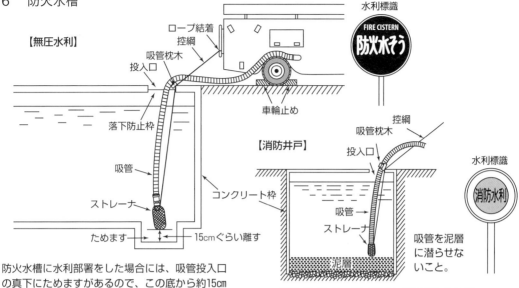

防火水槽に水利部署をした場合には、吸管投入口の真下にためますがあるので、この底から約15cmぐらいストレーナ部を離して吸管を投入すると水槽内の水を全部使いきることができる。

消防井戸には、底の部分に泥層があるので、吸管のストレーナ部をこの泥層に潜らないように控綱で調節を行う。

7 川

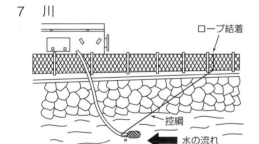

流れに逆らうように吸管を投入すると水の流れで生じる圧力を活かすことができ、ポンプの負荷を幾分軽減させることができる。

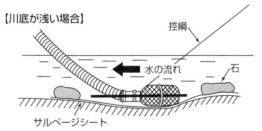

川底が浅く水量が少ない場合は、川底をスコップで掘り下げて、これにサルベージシートを敷き、シートが流されないように石等で重しをしてから吸管のストレーナ部を投入する。バールを吸管に縛り付けストレーナ部の浮き上がりの防止をする。

川底をスコップで掘り下げる。
サルベージシートを敷く。
控綱は川上側に結索する。

8 せき止め取水

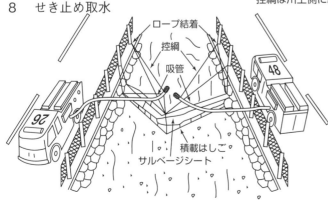

川をせき止めしてポンプに吸水する場合は、矢板を川の両岸に差し込み杭等で補強しておいて取水する以外に、図のように積載はしごにサルベージシートを巻き付けて取水する方法もある。

積載はしごにサルベージシートを巻き付ける。
ロープではしごを固定してせき止めをする。

火災の状況判断

●火災の初期

　火災は、ある条件の下では一定の速度をもって拡大し、さらに周囲へ無限に拡大する特性をもち、他から何の影響も受けなければ、焼失面積は経過時間の2乗に比例して拡大する。

出火直後建物の一部に着火し、可燃物から盛んに可燃ガスが発散する。出入口、窓その他の開口部から白煙が噴出している時期を初期火災という。

開口部から白煙

噴射後、消火器を顔面に近づけると輻射熱が遮られる。

【消火器】
屋内で消火器を噴射する場合は、煙と粉末によって視界が悪くなるので、脱出の経路を確認しておくこと。

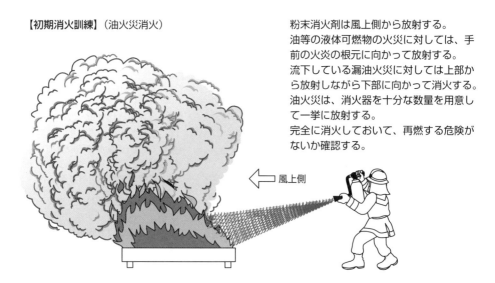

【初期消火訓練】（油火災消火）

風上側

粉末消火剤は風上側から放射する。
油等の液体可燃物の火災に対しては、手前の火炎の根元に向かって放射する。
流下している漏油火災に対しては上部から放射しながら下部に向かって消火する。
油火災は、消火器を十分な数量を用意して一挙に放射する。
完全に消火しておいて、再燃する危険がないか確認する。

●火災の中期

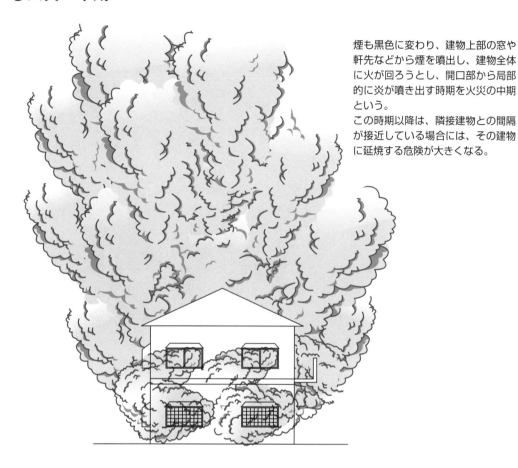

煙も黒色に変わり、建物上部の窓や軒先などから煙を噴出し、建物全体に火が回ろうとし、開口部から局部的に炎が噴き出す時期を火災の中期という。
この時期以降は、隣接建物との間隔が接近している場合には、その建物に延焼する危険が大きくなる。

【人命救助】
状況にもよるが、火災の中期の火災室の温度は500℃前後であることから、噴霧注水で室温を冷却しておいて、さらに援護注水を受けながら、人命検索に突入できるぎりぎりの時期である。
火災室を不用意に開口するとフラッシュオーバー等を招くおそれがあるので注意を要する。
建物への突入は、危険が伴うことから聞き込み等を十分に行い、要救助者の居所を特定しておいて、短時間で素早く救出を敢行する。

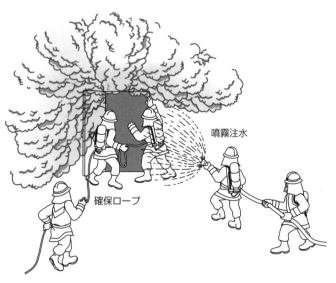

●火災の最盛期

【火災の最盛期の人命救助】
火災の中期の限界を超えて建物全体に火が回った時期で、黒煙は少なくなり、火炎が噴出し、延焼危険が甚だしく、しかも火災温度は最高に達する。
この時期は、人命救助は無理であることから、隣接建物への延焼防止に努める。

※通常、最盛期における火災の上昇気流は時速80kmになるとされている。

【予備注水】
出火建物が最盛期を迎えた時期では、延焼拡大防止のため、隣接の建物との交互注水が可能な部署をとる。
この時期は、出火建物に目を奪われることなく、隣接建物の外壁等から白煙が立ち昇ったなら、直ちに予備注水を開始する。
隣接建物へは、人命検索及び延焼状況確認のため屋内進入を図る。

最盛期を迎えた建物は1,000℃を超えているので、屋内進入は慎重を要する。
ガスボンベのホースが燃えて火を噴き出すのもこの時期である。
取付不良の鉄製の窓の手すりやモルタル壁の落下にも注意を要する。

出火建物と隣接建物との交互注水の割合は6:4ぐらいにする。

60

6 火災防ぎょ行動

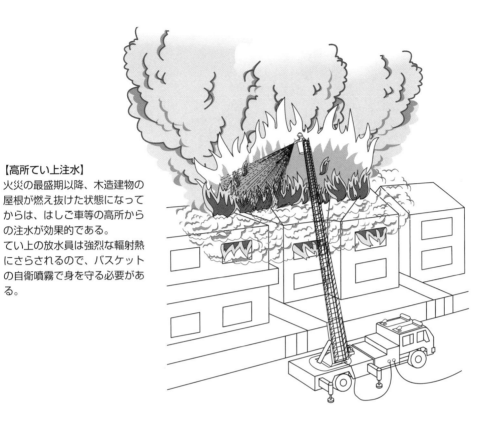

【高所てい上注水】
火災の最盛期以降、木造建物の屋根が燃え抜けた状態になってからは、はしご車等の高所からの注水が効果的である。
てい上の放水員は強烈な輻射熱にさらされるので、バスケットの自衛噴霧で身を守る必要がある。

【建物崩壊】
火災の最盛期を過ぎるころに、モルタル壁の剥離やひさしの部分、出窓、手すり、看板、瓦等の落下が起こる。この下敷きや落下物の衝撃力によって、隊員の死傷事故が発生することがある。
特に木造の建物全体が崩壊する場合もあることから、内部に進入している隊員との連携を密に図る必要がある。

◉火災の減衰期

【モルタル剥離】
【倒壊危険】
火災の炎は大きいが、黒煙が少なくなる。
この時点で建物全体の崩壊が起こる危険がある。

【火災の終息】
黒煙から白煙に変わる。
注水の死角になっている部分がちょろちょろと燃えている程度となる。

【鎮火】
堆積物の中に燠が残って再燃の危険があることから、雨状の注水で残火処理作業をする。
火災原因調査に支障を来すおそれがあるので、高圧での注水を避ける。
現場最高指揮者の鎮圧・鎮火の宣言により各隊は撤収作業に入る。使用器材の確認と人員、負傷の有無を指揮者に報告し、帰途に着き、指名された部隊は、再燃に備え残留する。

堆積物

火災時における風の影響

　大都市では、背比べをするように高層ビルが立ち並び、威容を誇っているところであるが、そばに寄ると突然、ビル風に見舞われることがある。ちょうど街の中に四角形の山々と谷ができたようなもので、超高層ビル群は、さしずめ中央アルプスといったところなのかもしれない。気象用語の「おろし」や「だし」のような風が常に建物の屋上や周囲を吹き渡っており、火災発生時には、悪影響を及ぼしている。

【ビル風に翻弄される火災現場】

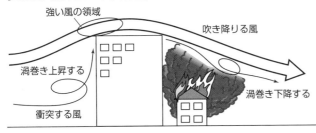

地域別に基準風速が定められており、これに基づいて、ビルにはめ込む強化ガラスの厚みが決定される。

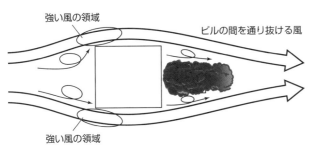

通常は厚さ4～5mmの強化ガラスが使用されているが、ビル側面の強い風の領域には厚さ6～8mmの強化ガラスが用いられている。

微風時であってもビルの間を吹き抜ける風は速度を増すため、炎上建物の風下側に部隊を配置し飛火の警戒にあたる必要がある。

【逆流】
ビルに衝突した風は逆流する傾向があることから、前面の建物火災は両方向から風を受けるため、燃え上がりは一層盛んになる。

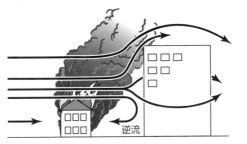

【ピロティ風】

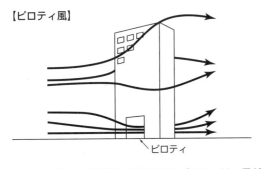

ビルの下部の一部が通り抜けられるピロティは、風が合流して風速が強まることから、風下の火災は、延焼拡大が速くなる。

【谷間風】

隣接した2棟のビルの間を風が吹き抜ける場合は、建物の両側の風も合流することから、一層強くなるため、風下側の建物火災で送風機の役を果たすことになる。

【フェーン現象時における火災】
山脈の風下側で起きる高温で乾燥した強い風を「フェーン」といい、この風によって地域一帯の温度が上がり、乾燥することが「フェーン現象」である。
日本海側で多く発生するが、関東地方でも、台風の通過で風が西風に変わるとフェーンになり、火災が起こりやすくなるので備えが必要となる。

【フェーン現象の発生メカニズム】

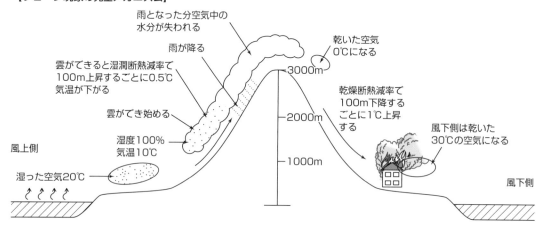

【火災旋風の発生時における火災】

火災旋風のイメージ

火災旋風のメカニズムについて解明されているわけではないが、理論的には、火事場の上昇気流に対し横方向からの風によって回転が生じ竜巻状になるものと考えられている。さらに、上空に一部分が回転する積乱雲があると巨大な火柱の竜巻が出現する場合があるとされている。

7 ホース延長

ホース延長障害

　ホース満載のホースカーを牽引する際には、発進時に強く踏ん張る必要があるが、ホース延長に従い車が軽くなりスピードが出てしまうので、一定の速度で走行するようにし事故防止に心掛ける。また、通行人に接触し事故に発展しないように注意する。

ホースカーで折りたたみホースを延長し、道路の狭あい箇所や階段に差し掛かり、これ以上ホースカーが前進できない場合は、ホースカーに積載されているホースを全部下ろしてから、折りたたみホースを脇に抱えながら前進しホース延長を行う。

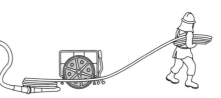

延びる側の折りたたみホースを上側にしてホースの延長を行う。

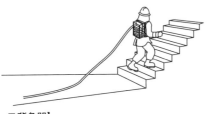

【ホース背負器】
折りたたみホース2本を背負器に収納し、これを背負ってホース延長を行う。

【ホースバック】
折りたたみホース2本をホースバックに収納し、これを背負ったり、肩に掛けたり、さらには手提げの状態で、ビルの地下や道路の狭あい箇所等でのホース延長を容易にすることができる。

【ホースブリッジ】
ホースを道路横断して延長する場合には、車両によってホースが損傷するのを防止するためにホースブリッジを置いて、車両を通過させる場合がある。
その種類としては、木製、アルミ製、ゴム製、鉄製の物がある。

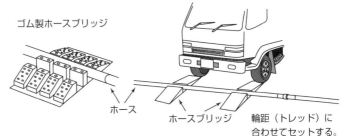

ゴム製ホースブリッジ

ホース　ホースブリッジ　輪距（トレッド）に合わせてセットする。

【軌道敷】
軌道敷を横断してホース延長する場合は、あらかじめU字溝が線路に設置されている所を通す。
軌道敷に入る前に電車の接近を指差呼称して確認する。
この場合、電車の接近を知らせる安全管理の者を配置する。
U字溝のホースは、水圧で大きく折れ曲がり電車の通過に支障を来さないよう、真っすぐになるようにする。

65

手びろめによる延長

　手びろめによるホース延長は、ホース延長の基本であることから、あらゆる地形においても延長できるように習熟に努める必要がある。

【一重巻ホース延長要領】
右手でホースとメス金具を持ち、左手は巻いたホースをつかむように持って、振り子の要領でホースを振りながら、前に放り出す。放り出した瞬間、メス金具を手前に引くとホースはよく転がり、一気にホースを延長することができる。

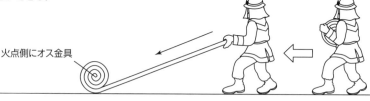

【ホースの逆延長要領】
火点が坂上の場合は、消防車に積んだホースを20mごとに置いてから水利側に引き返す。隊員は、火点側から水利側にホース逆延長していき、火点側のホース結合にオスオス媒介を使用し、水利側ではメスメス媒介を使いホース延長を完成させる。

【二重巻ホース延長要領】
二重巻ホースは、ホースを二つに折り重ね合わせて折った箇所から巻いたもので、ホース延長の際には勢いよく安定した状態で延びるので、手びろめのホース延長に多用されている。
延長には、メス金具部分を片足で踏み、オス金具を両手で握りホース前方に勢いよく押し出すようにして、転がりだしてから握っているオス金具を手前に引くと転がるスピードが増す。
転がりを見届けながら駆け出し、前方のホースのメス金具のところで持っているオス金具を置き、体を反転させながら片足で踏み放口を上向きにしておいて、メス金具を両手で握りながらオス金具に結合する。結合後は完全に結合しているかを確認する。
ホース延長のとき、オス金具を持たずにホースを握って押し出すと、オス金具が振り子になって顎や顔面を直撃することがある。

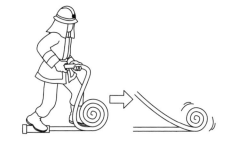

立体的なホース延長

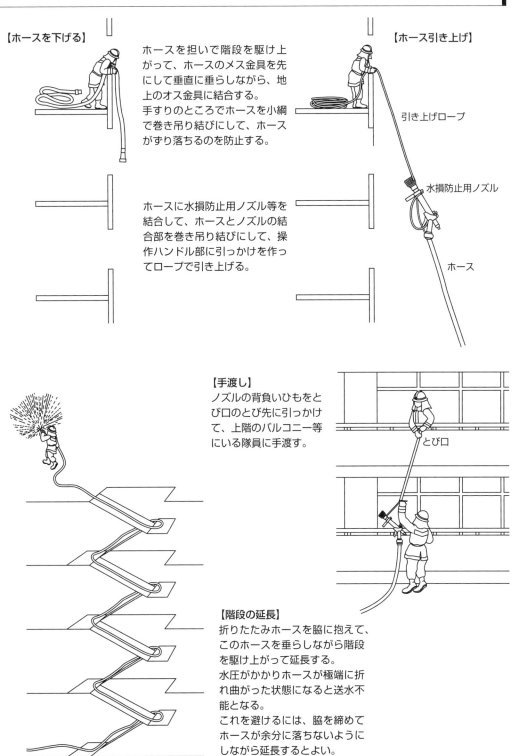

【ホースを下げる】

ホースを担いで階段を駆け上がって、ホースのメス金具を先にして垂直に垂らしながら、地上のオス金具に結合する。
手すりのところでホースを小綱で巻き吊り結びにして、ホースがずり落ちるのを防止する。

ホースに水損防止用ノズル等を結合して、ホースとノズルの結合部を巻き吊り結びにして、操作ハンドル部に引っかけを作ってロープで引き上げる。

【ホース引き上げ】

引き上げロープ

水損防止用ノズル

ホース

【手渡し】
ノズルの背負いひもをとび口のとび先に引っかけて、上階のバルコニー等にいる隊員に手渡す。

とび口

【階段の延長】
折りたたみホースを脇に抱えて、このホースを垂らしながら階段を駆け上がって延長する。
水圧がかかりホースが極端に折れ曲がった状態になると送水不能となる。
これを避けるには、脇を締めてホースが余分に落ちないようにしながら延長するとよい。

結合金具のオスとメスの間に砂などが挟まると結合に不具合が生じ、水圧が掛かると外れるおそれがあるので、結合後は引っ張って完全に結合しているかを確認する。

【結合金具離脱要領】

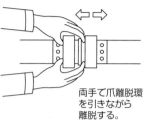

両手で爪離脱環を引きながら離脱する。

【一人で結合要領】

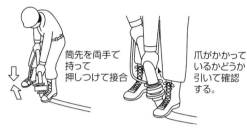

筒先を両手で持って押しつけて接合

爪がかかっているかどうか引いて確認する。

予備送水

　ホース延長完了直後から送水を開始するもので、ホースの中を水で満たす程度のもので低圧を送する。ホース結合等が不完全な場合は、ホースを折り畳んで水を止めて、結合作業を続行する。

　ホースに穴が開いていて水が噴出している場合は、布やベルトを巻き付けて漏水を止めるようにし、結合金具からの水漏れは、パッキンを交換する。なお、水圧の掛かった結合金具を離脱するのは困難であるので、ホースクランプでホースの途中を締め付けて送水を遮断する。ホースの途中で流水が止まると消防ポンプの圧力計や連成計の圧力部の針が圧力側に振れ、エンジンが鈍い音に変化するのでエンジンの出力を下げるようにする。出力の自動制御装置が附置されているタイプもある。

【ホースクランプ】

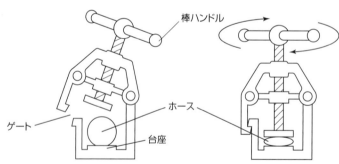

予備送水が高圧の場合は、ホースクランプのゲートを開き台座にホースをセットしてゲートを閉じ、棒ハンドルを回してねじ込みホースを締め付けて、送水を遮断する。

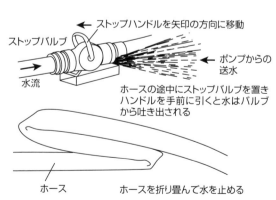

予備送水が低圧の場合は、ホースの途中を折り畳んで送水を遮断する。

ホース逆延長

　通常のホース延長は、ホースカー等に積載されたホースのメスのカップリングを放口に結合して、火点側にオスのカップリングが届くようにホース延長を行う。
　高台の火災で水利が乏しい場合は、下の平地の水利から送水する場合がある。
　このような状況では、いったん消防自動車で高台まで上がり、そこにホースカー等を降ろして、Uターンして平地の水利に部署する。
　ホースカーに積載されているホースのメスのカップリングを火点側に置いて、そこから消防自動車側にホースを延長すると比較的容易に行うことができる。
　このような通常のホース延長とは異なるホースの延長の仕方を「ホース逆延長」といい実戦に用いられることがある。

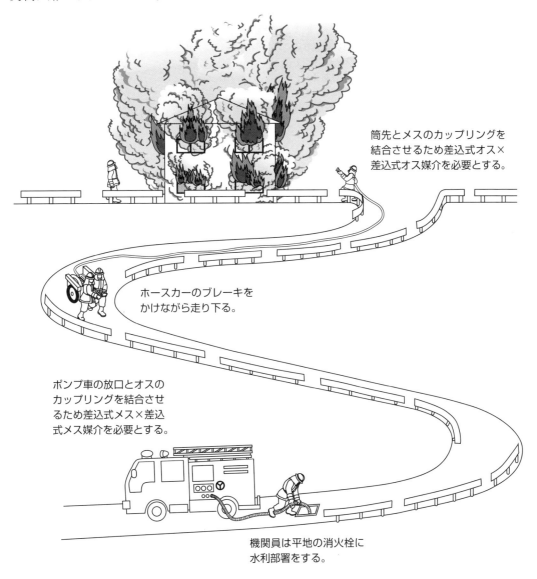

8 進入要領

通常の出入口からの進入

建物火災における消防隊の進入は、通常の出入口や避難階段を使用することが、確実で迅速な方法である。その際は、熱で割れた窓ガラスや壁面のタイル、看板等の落下や開口部からの火炎の噴出などにも注意する必要がある。
落下危険のあるものは、あらかじめ棒状注水で吹き払ってから進入する。
相対する部隊の放水から顔面を保護するため、防火帽を活用する。
建物内部に進入する場合は、呼吸保護具を着装することが原則である。
輻射熱が痛く感じた場合は、そこが進入の限界点である。
照明器具の活用は、出入口付近では有効であるが、煙と放水の水蒸気が立ち込める屋内では役に立たなくなる。その際は、進入用の確保ロープを身体に縛るようにして無事に脱出する。

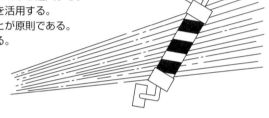

高所への進入

1 　積載はしごを使用した高所への進入

積載はしごを使用して直接2～3階の窓から進入する方法や中高層建物の火災においては、階段や非常用エレベーターの他にはしご車や高所作業車等での進入手段が用いられる。
伸長時7～10mの鋼製の三連はしごは、輻射熱で変形することもなく住宅火災で最も多用される器具の一つである。
建物の3階までの進入が可能であり、さらに工夫次第では、消防自動車の車上が伸ていすることにより4階への進入手段に用いられる場合がある。
また、手すりのあるベランダ等では、三連はしごの上端からかぎ付きはしご等を上階のベランダに架けて進入する手段として活用できる。
はしごの架てい角度は、おおむね75°とする。
はしごは、伸長する際、目標に架ていできる程度に垂直に伸ばし掛け金を確認した後に控え綱を結着し、架てい角度を調整しながら建物に架ていする。
てい上での作業は原則一人として、やむを得ない場合は、各車に一人の計三人以内とする。
はしごの基底部は水平に保つようにし、傾きは敷板等で調整する。
はしごの登降中は、常に両手両足のいずれか三点で身体を支えるようにし、はしごの踏み外し等で転落しないようにする。
三連はしごは二人で肩に担いで速足で前進する。途中、通行人や道路の障害物に衝突しないように注意する。

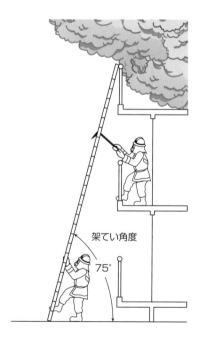

架てい角度
75°

架ていする目標に到着したら肩からはしごを下ろし、
二人で協力しながら伸ていする。
はしごは、ベランダの手すり等にロープで固定し、放
水時に横滑りしないようにする。
はしごの架ていに当たっては、ベランダの手すり等より
はしごの上端が50〜60cm上になるように伸ていする。
はしごから進入する際は、建物側へ完全に身体が移る
まで、はしごをしっかり握る。
てい上作業中はランヤードのフックをはしごに掛け、
身体を確保し、身の安全を図る。

架ていする位置で指差し
呼称を行い障害物の有無
を確認する。

基底部をしっかり
と両足で固定する。

【掛け金の確認】
積載はしごの伸てい部分の二段目と三段目には、つなぎ目に掛け金の爪が設けられており、この掛け金が伸てい
すると各段に掛かるようになって、一連に結合される構造になっている。
暗がりにおけるはしごの伸縮の際には、掛け金が掛かったときの音と掛け金が解除され支管を通過する音によっ
ても、ある程度掛かり具合などを判別することが可能である。
最近では、掛け金の掛かり具合を知らせるセンサーの付いた機種のものが作られている。

【三連はしごの重要性】
三連はしごは、木造3階建等の建物火災において、外部からの進入や注水等に用いられている最も優れた消防機材
である。中でもチタン製のものは重量30kgと軽量化が図られ、はしごの取扱いも容易で隊員の省力化に寄与して
いるところである。

【伸てい】
はしごを伸ばすことを消防用語で伸ていと呼んでおり、操作の基本は垂直に立てておいて、垂直に伸ばすのが原
則である。

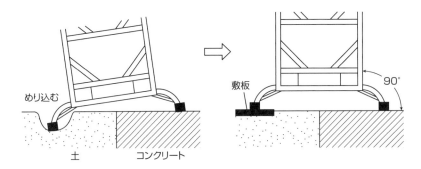

【敷板の設置】
一見フラットな地面も
硬さに強弱がある場合
は、軟らかい方の基底
部が地面にめり込みは
しごが横向きに傾くお
それがあり、倒れる危
険性もあることから、
敷板等を当て安全に配
慮する必要がある。

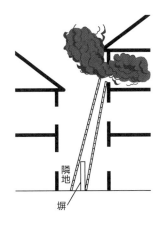

【架てい角度75°】
はしごを伸ていするスペースが隣地
境界の塀によって狭められている場
合は、操作範囲も制約を受け、出火
建物の敷地内での伸ていは、垂直に
近い状態となり、安定性のある架て
い角度75°が得られないこともあ
る。また、隣地からの伸ていでは、
建物に届かないこともあり得る。

【横倒しでの伸てい】
はしごを横に倒した状態での伸ていは可能であるが、はしごが伸びるにしたがい、てこの原理で荷重が増加し、片足では基底部を支えきれないので注意が必要である。

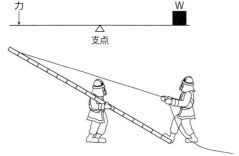

【はしごの移動】
積載はしごを火災現場に運搬し起ていする暫定位置で停止後、はしごを架ていする位置まで移動する方法として、片方の基底部を浮かせて、はしごが歩行するような具合で、動かす仕方が用いられることもある。

【ピロティ・擁壁の活用】
三連はしごを使用して高所へ進入するには、建物のピロティにはしごを立てて、このピロティからさらに上階にはしごを伸ばす方法と擁壁等の地物を利用する場合がある。

【かぎ付はしご】
三連はしごとかぎ付はしごとを使用して高所へ進入するには、かぎ付はしごを引き上げるロープを携行して、まず三連はしごで上階に進入し、携行したロープで、かぎ付はしごを引き上げて上階の窓枠に引っかける。
この場合、かぎの部分を外側にして持ち上げ、窓枠のところで180度回転して引っかける。

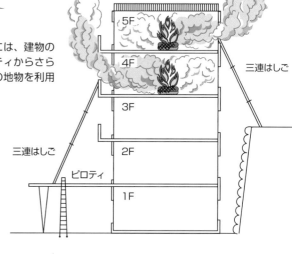

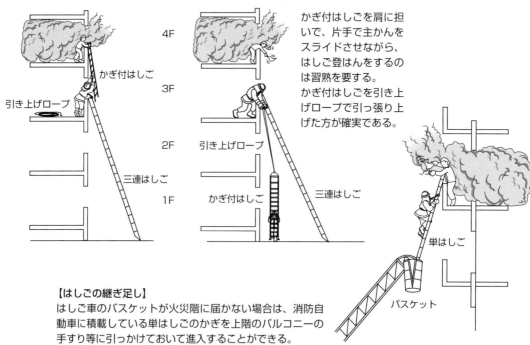

かぎ付はしごを肩に担いで、片手で主かんをスライドさせながら、はしご登はんをするのは習熟を要する。
かぎ付はしごを引き上げロープで引っ張り上げた方が確実である。

【はしごの継ぎ足し】
はしご車のバスケットが火災階に届かない場合は、消防自動車に積載している単はしごのかぎを上階のバルコニーの手すり等に引っかけておいて進入することができる。

2　隣接建物や塀等の工作物を利用した進入

火災現場では、消防隊用の資器材を使用する以外に、現場の状況に応じてより効果的な手段を選び進入を図る必要がある。

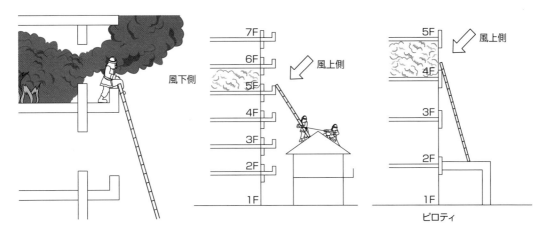

建物側へ移動する場合は、身体が建物側へ完全に移るまではしごから手を離さないようにする。

建物へ進入する側が風下側である場合は、風上側の建物からはしごを伸ていし進入する。

建物のピロティに進入し、さらにはしごを引き上げて架ていする。

資器材を携行してはしごを登る場合は、ロープやコード等がからまないように注意する。
架ていしたはしごの上で注水や破壊等の作業を行う場合には、ライフベルトで身の安全を確保し、さらに作業姿勢で身体の安定を図り活動する。
新築の建物は耐久性があり頑丈であるが、だんだんと錆等が進みもろくなってくるので、鉄パイプ等は足で蹴るなどして強度を確かめながら使用する。
火災現場付近には、はしごなどの消防活動に使用できるものが数多くあるが、強度などに問題があり、また不慣れなものを安易に使用することは避けるようにする。
中高層マンション等のベランダには隣接住戸との間に隔壁が設けられているが、発災住戸へは隣のベランダから隔壁を破壊して進入することができる。
塩化ビニール樹脂や石綿スレートふき等の屋根は、垂木の部分に体重を掛けるようにし、塩化ビニール等を踏まないようにする。割れて落下の危険がある。

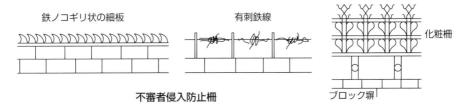

ブロック塀等の柵の上には、有刺鉄線等が張り巡らされ不審者の侵入防止を図っているので、消防隊員が塀を乗り越える際には、衣服を引っ掛けたり手を負傷することのないよう注意を払う必要がある。特に塀の上にガラスの破片をはめ込んであるところもあるのでなおさらである。
火災と直接関係のない物や建物の使用は、相応の緊急性があるときに限られる。
ベランダには物干しや植木鉢等があるので、足を取られないように注意する。
屋根に上る際は、放水で濡れている場合があるので、滑って転落しないようにする。
建物の外面から直接上階に進入する方法として、はしご車や高所作業車等の特殊車両を使用する場合やアーケードに設置されている消火用足場等を利用することもある。
ビルの屋上には、避難用のタラップが設置されている場合があるので有効に活用する。また、緊急を要する場合は、ビルに設置してある避難はしごやすべり台等も利用することが望ましい。
地水利調査の際は、防火対象物の設備の把握に努め、災害時に活用できるようにしておく必要がある。

はしごの取扱い

はしごを担いで搬送するときは、はしごの中程を担ぎ、前進する方向側を幾分下げた状態にして前進する。

一人ではしごを架ていする場合は、基底部を地面と建物との角に当てて、基底部を安定した状態にしてから、横桟を持って突っ張り上げるようにして垂直に立てる。

【二人で搬送】

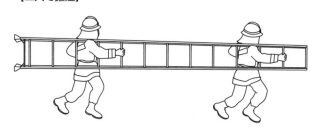

二人ではしごを担ぐ場合は、はしごの荷重が二分される位置に肩を入れて担ぐとよい。
前進するときは、歩調と歩幅を均一にすると担いだはしごの上下動が少なくなり、肩にかかる衝撃が和らげられる。

はしごを担いで方向を変える場合は、前はしご員は、後はしご員に手で合図を送りながら、大回りするように前進する。
後はしご員は、図の矢印の方向側に進むようにすると、自動車の内輪差のような事態が回避され、通行人を事故に巻き込むことは避けられる。

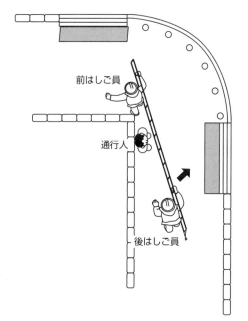

【内輪差】
ハンドルを切って走行すると、後車輪は前車輪の内側を通る。この幅を内輪差といい、ハンドルをいっぱいに切ったときに最大となる。

各車輪は、O点を中心にして同心円をえがいて回る。

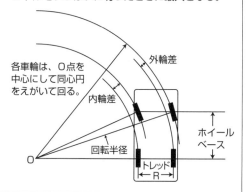

非常用進入口

昭和46年以降、建築物は、採光規定に適合しない無窓の壁面でもよいことになったが、消防活動に必要な避難、救助用の消防隊の「非常用進入口」は、建築基準法施行令で規定された。

非常用進入口は、道路や幅4m以上の通路に面したビル（高さ31m以下で3階以上）の外壁に設けられている。

横方向には、10m以内ごとに進入可能な窓等が設けられているものと、40m以内ごとに進入口が設置されているものとがある。

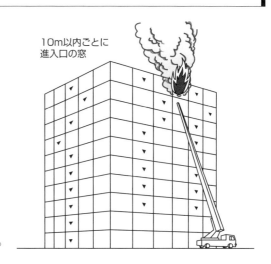

10m以内ごとに進入口の窓

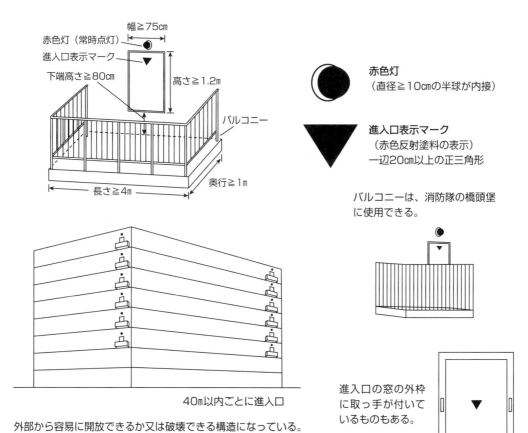

非常用進入口の構造例

赤色灯
（直径≧10cmの半球が内接）

進入口表示マーク
（赤色反射塗料の表示）
一辺20cm以上の正三角形

バルコニーは、消防隊の橋頭堡に使用できる。

進入口の窓の外枠に取っ手が付いているものもある。

40m以内ごとに進入口

外部から容易に開放できるか又は破壊できる構造になっている。
鉄格子や厚板ガラス、はめ殺しの構造のものは設置されていない。
ガラスはおのやハンマーで外部から破壊できる。

【進入口の免除】
高さ31mを超える建築物で非常用エレベーターが設置されている建物は、非常用エレベーターを活用して消防活動ができることから、31m以下の階であっても進入口の設置は免除されているので、消防隊はエレベーターで火災階の階下に急行することになる。

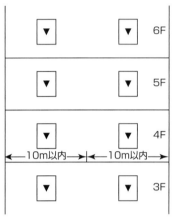

【代替進入口の構造例】
はしご車が横付けできる幅員4m以上の道路に面する建物の場合は、10m以内ごとの開口部を代替の進入口として認められる。

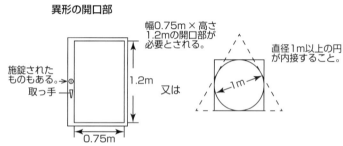

【設置が免除される施設】
細菌を取り扱う研究施設や爆発物を取り扱う施設等の階は、進入口を設けることにより周辺に著しい危害を及ぼすおそれがあり、また冷蔵倉庫や留置所、拘置所等も設置が免除されている。

8 進入要領

水圧シャッターの開放

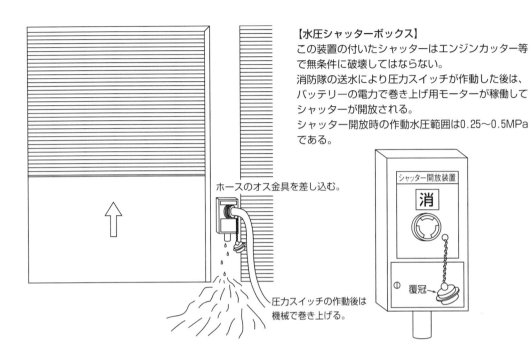

【水圧シャッターボックス】
この装置の付いたシャッターはエンジンカッター等で無条件に破壊してはならない。
消防隊の送水により圧力スイッチが作動した後は、バッテリーの電力で巻き上げ用モーターが稼働してシャッターが開放される。
シャッター開放時の作動水圧範囲は0.25～0.5MPaである。

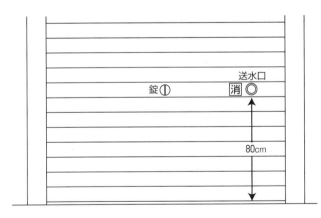

送水口には夜間でも目に付くように発光表示がしてある。

【手動シャッター専用の水圧解錠】
床面から高さ80cmの所に、中間施錠と一体になって取り付けられている手動シャッター専用の水圧解錠の装置の付いたものがある。
これは、消防ホースのノズル（口径19㎜）を約5～10cmの位置まで近づけて、0.2～0.5MPa以下の送水圧をかけると30秒以内で解錠できる。

重量シャッターの開放

【重量シャッター】

水圧シャッター以外の重量シャッターは、エンジンカッターで上から切り下ろす。
耐火造建物火災では、給気側のシャッターを開口すると火勢の拡大につながるので、必要最小限にとどめる。
切断は、防火帽のシールドかゴーグルを着装し目の保護に努める。

切断後は、肩や手でシャッターを押して隙間をつくり、スラットの部分を手で1枚置きに抜き取る。
火災室のシャッターは、熱で真っ赤になっていて近づくことができない。
シャッターから煙が出ている場合は裏側が燃えているため、開口すると火災室に酸素を送り込むことになるので慎重を要する。

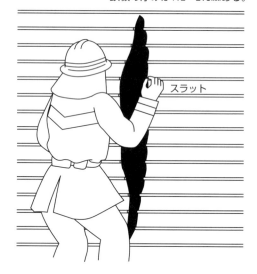

鉄板の厚みは1.2～2.3mmある。

スラット

【マンションへの進入】
マンション火災の場合には、管理人から住戸内の居住人等の的確な情報を得る。
夜間等で管理人が不在でセキュリティーがある場合は、マンションの玄関の天井部に設置してある開錠装置（オートロック）を操作して玄関の扉を開放する。
開錠装置が不明の場合は、マンションの住人に頼むか、隊員がベランダから進入して、センサー部分に手をあてがってオートロックを解除する。

9 火災建物での活動

要救助者検索

　見通しが悪い火災現場で倒れている要救助者を発見するには、救助隊員が手探りで発見する場合と暗視スコープを用いる方法がある。
　暗視スコープは、暗いところで要救助者を早期に発見することができる。このスコープは熱画像のため、火点や残火をも見極めることができる。

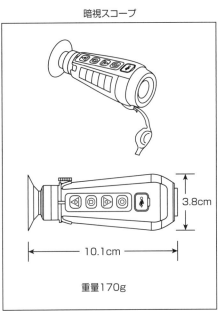

暗視スコープ

3.8cm
10.1cm
重量170g

【手探り検索】

濃煙が立ち込める火災現場では、2名1組になって検索に向かう。
お互い腰に命綱を結んで、中腰で手と足を使って要救助者を捜し当てる。

酸素欠乏

　建物火災において、焼死者は熱による場合と有毒ガスによる中毒死や酸素欠乏による窒息死等があり、救助する側の隊員も呼吸保護具を使用しないと酸素欠乏症により、致命的になる場合がある。

　火災により発生した一酸化炭素、その他の有毒ガスは、酸素に代わって血液中のヘモグロビンと結合して体内に運ばれて、大脳皮質の機能低下や脳細胞の破壊を引き起こす。

　酸素欠乏症とは、空気中の酸素が18%未満の空気を吸い、体の各組織が酸素欠乏になった状態をいう。

【酸素濃度低下による酸素欠乏症の症状】

段階	空気 酸素濃度(%)	空気 酸素分圧(mmHg)	動脈血 酸素飽和度(%)	動脈血 酸素分圧(mmHg)	症　状
1	16〜12	120〜90	89〜85	60〜45	脈拍・呼吸数の増加、集中力の低下、計算間違い、細かい筋肉作業の劣化、頭痛、耳鳴、吐き気
2	14〜9	105〜68	85〜74	55〜40	判断力の低下、発揚状態、不安定な精神状態、傷の痛みを感じない、頭痛、耳鳴、吐き気、嘔吐、酩酊状態、当時の記憶なし、全身脱力、体温上昇、チアノーゼ、顔面蒼白、意識朦朧
3	10〜6	70〜45	74〜33	40〜20	意識消失、昏倒、中枢神経障害、チェーンストークス型呼吸出現、チアノーゼ、全身のけいれん
4	6以下	45以下	33以下	20以下	一瞬のうちに失神、昏睡、呼吸緩徐→呼吸停止→心臓停止

※空気中の酸素濃度の正常値は21%前後

　通常、空気中の酸素濃度は20.95%で、21%と表現されている。
　空気中の酸素の絶対量は高度が高くなるほど希薄となる。
　酸素の絶対量は、体積百分比の濃度で表すことができないので、酸素分圧で表される。水銀柱670mmHgの気圧での空気中の酸素20.95%が分担する圧力は、

　　670×20.95／100＝140.4mmHg　　である。

空気呼吸器

【呼吸の仕方】

浅く早い呼吸は、肺のガス交換率を下げてしまい、呼吸回数が増えボンベ内の空気消費量を増やすことになる。

深くゆっくりとした呼吸をすると活動時間を延ばすことができる。

体力不足、経験不足や不安は極度の緊張をもたらし、呼吸が浅く早くなるので空気の消費量を増やす要因となる。

【プレッシャデマンド型】

このタイプは、呼気によって呼気弁から排出された空気が、吸気に変わった時点で供給されるタイプで、面体が顔に密着していないと外部の空気が面体内に進入する。

面体内が常に外部の空気より正圧になっているので呼気量は少ない。

【デマンド型】

このタイプは、面体内に供給される空気量が吸い込む力によって決定される。

面体が顔に密着していないと外部の空気が面体内に進入するのは一緒である。

呼気によってエイピースが曇りやすい欠点があるが、手動補給弁（バイパス弁）によって、強制的に空気を供給して曇りをとることができる。

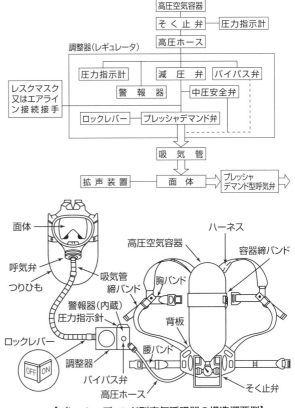

【プレッシャデマンド型空気呼吸器の構造概要例】

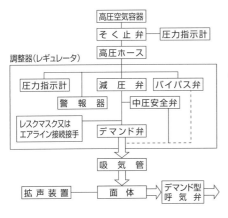

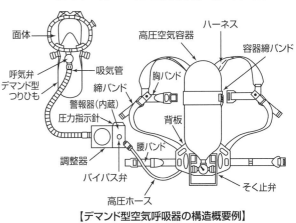

【デマンド型空気呼吸器の構造概要例】

フラッシュオーバーとバックドラフト

火災の消火活動中に隊員が、フラッシュオーバーとバックドラフトにより、危険にさらされることがあるので注意する必要がある。

フラッシュオーバーが予想される室内は、次のような場合である。

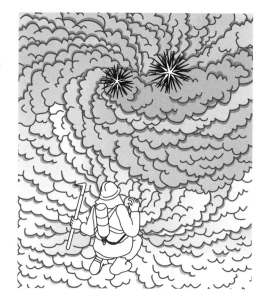

① 消防隊員が室内に進入したとたんに、ひざまずきたくなるような熱気に見舞われたとき（室内の温度が500℃以上に達しているとみてよい。）
② 室内の炎の先端が天井の高さに達するのが継続的に見られるとき
③ 煙の中に炎が見え、煙が床上1mぐらいまで急降下しているとき（ロールオーバー現象）
④ ロールオーバーの煙が窓の隙間から、屋外に渦巻くように噴き出しているとき
⑤ 室内の上層で散発的に小さい閃光（フラッシュ）が認められるとき

逆に、煙の上昇は認められるが、煙に散発的な閃光が見られないときは、フラッシュオーバーは起こらないとみてよい。

バックドラフトが予想される室内は、次のような場合である。
① 窓やドアの隙間から濃い煙が勢いよく噴き出しているとき（ロールオーバーと異なる。）
② 火災室に小さな開口部があって、そこから断続的に炎の先端が見られるとき
③ シャッターやドアのノブが触れられないほど熱くなっているとき
④ 呼吸するように窓やドアがガタガタ音をたてているとき
⑤ 火災室の中で青い炎が認められたり、煙が渦を巻いている場合や口笛のような音が発生しているとき

このような現象が見られたときは、火災室からいったん退避したり、室内を放水で冷却してバックドラフトの発生のタイミングを遅らせることが必要である。

9 火災建物での活動

■フラッシュオーバー

開口部に流出している煙が、突然、炎の噴出に変わる現象、あるいは、火災室が酸欠状態にあるときに窓ガラスが割れたり、扉を開いたりした際に、室内が火に包まれ開口部から火炎が噴出する現象である。

フラッシュオーバーは、火災の初期から中期に移行するときに発生する。

室内の一部で火災が発生し、可燃性の家具等が燃え始める。

発生した火炎により壁の一部が燃え始めると、高温気体層が厚くなり、そこからの熱放射が強くなる。
高温熱気で窓ガラス等が破られるのがこの時点である。

窓から高温熱気が噴出するとともに外気が入る。
それに伴い、床面等の室内の未燃焼部分の温度が上昇し、その表面温度が発火温度に近くなると火炎が高速で広がって、室内の可燃物に一斉に火がつき、室内は火の海となる。

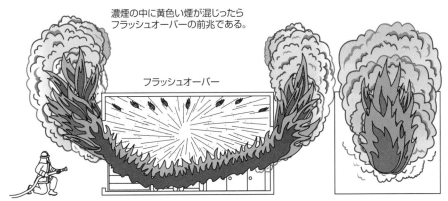

フラッシュオーバーの前兆としてロールオーバーが起こる場合がある。
これは、延焼拡大の過程で天井付近で散発的な可燃性ガスによる発火の現象である。

■バックドラフト

バックドラフトは、火災により酸素が欠乏し、高温の熱分解ガスが蓄積している閉鎖された区画内に酸素が取り入れられて発生する爆発的な燃焼である。

区画のしっかりした気密性のよいある程度の大きさをもった部屋で、火災が発生すると、室内の酸素を消費しながら火災は燃え広がる。

火災が成長するに従って室内の酸素が欠乏し、有炎燃焼が止まり、赤熱した残り火の状態となる。
一方、室内に蓄積した熱により、室内の可燃物の熱分解が進行して、室内には高濃度の可燃性分解ガスが蓄積される。

残っている酸素で可燃物の分解が進む。不足しているのは酸素だけである。

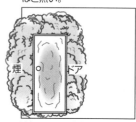
波打つ。ドアが変色している。

このとき、窓ガラスが割れたり、ドアが開けられると多量の酸素を含んだ新鮮な空気が室内に流れ込んで、室内の可燃性ガスと混合し燃焼範囲に入る。

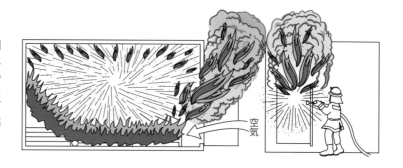

赤熱状態にあった残り火の部分にも新鮮な空気が供給されるため、再び、炎を上げて燃えるようになる。
この炎が室内に充満している混合ガスに着火して爆発的に燃焼し火炎が噴き出す。この場合の発生の引き金となる要因は酸素の供給である。

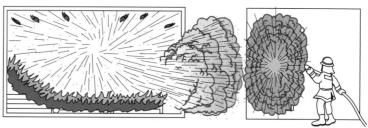
ドアを開くときは壁側に身を寄せる。

木造建物火災防ぎょ

1 平家住宅火災

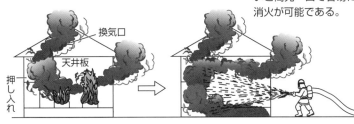

消防署に近く通報が早いと筒先一口で容易に消火が可能である。

火災室の温度が高まるにつれ押し入れのふすまなどが燃える一方、ガラス窓が熱で割れ火炎が噴き出し、押し入れ側は天井から小屋裏へと延焼経路ができ、ついには屋根が燃え抜けて火災の最盛期に発展するケースが多くみられる。

2 2階建住宅火災

木造2階建における火災においては、1階の出火と2階の出火とではだいぶ状況が異なる。火災現場全体が煙に包まれた状態なので、実態の把握に手間取ることがある。1階からの出火の場合は、階段から2階への延焼経路ができるため拡大していき、2階からの出火の場合は、平家と同様の延焼経路で燃え広がる。
2階の消火は、死角注水をなくすためてい上放水の高度な技術を必要とし、1階の出火においても2階への延焼を防ぐ体制を取るようにする。

3 3階建住宅火災

1階から出火した場合は、高温・熱気により3階の明かり窓が破られることによって延焼経路ができ、一挙に3階へ燃え広がりをみせることになる。

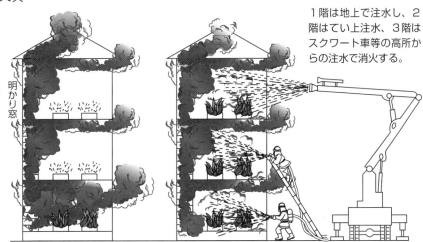

1階は地上で注水し、2階はてい上注水、3階はスクワート車等の高所からの注水で消火する。

4　社寺の火災

　社寺の木造建築物の柱・はり等の木組み部には釘やボルトでの固定がなく、また、筋交いによる補強もないことから、臍（ほぞ）の部分が焼けると建物が外に向かって瓦解する危険がある。
　社寺の火災では、燃焼に伴い屋根材等が回廊付近に落下するので、この部分での注水部署や進入は避ける必要がある。

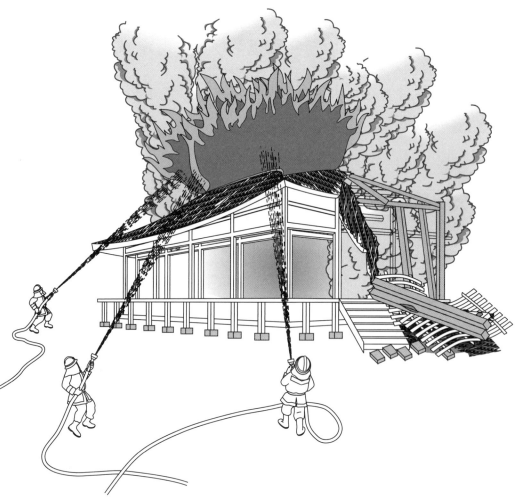

※昭和24年１月26日に法隆寺金堂の内部155㎡を焼く火災が発生し、このとき、世界的に有名な大壁４面と小壁８面の壁画がほぼ全損に近い焼け方をした。
　これを期に翌年には文化財保護法が制定された。
　この壁画は、焼けた状態でも国宝に指定されている。

濃煙・熱気の状況下における消防活動

　濃煙・熱気が充満する火災現場における火災室等への進入は、空気呼吸器等を装着して防ぎょ活動に当たる。内部には活動の障害になるものがあり、短時間に援護注水を受けながら目的を達成するように心掛けて行動する。

1　濃煙・熱気内での行動

　耐火建築物や地下室、地下街、地下鉄、トンネル等は、濃煙・熱気が充満しやすく、進入は空気が供給される給気側から中に入るのが鉄則であるものの、給気側が判然としない場合がある。特に地下にある施設の火災では、排気側から高温の熱気と煙等が排出するため、おのずと進入箇所は限定され苦戦を強いられる火災現場の一つでもある。

地下における煙の流れ

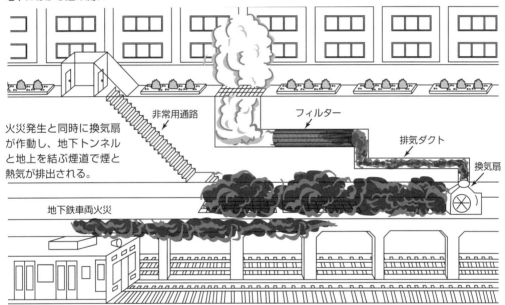

　空気呼吸器を装着して消防活動中、空気ボンベの残圧を知らせる警報ベルが鳴動するようになっている。現場から引き揚げる経路が長い場合は早めに活動を切り上げることが大切である。

2　駅構内等における消火活動

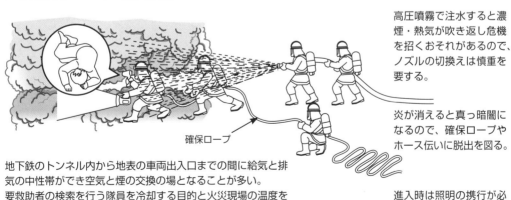

地下鉄のトンネル内から地表の車両出入口までの間に給気と排気の中性帯ができ空気と煙の交換の場となることが多い。
要救助者の検索を行う隊員を冷却する目的と火災現場の温度を下げるために援護注水を行い隊員の保護に当たるようにする。

3　人命救助のための筒先配備

要救助者がいる現場では、優先的に部隊配備し、筒先を集中させながら救出・救助に全力を傾けるようにする。

隊員を噴霧による援護注水で高熱から守る。
確保ロープ伝いに出口に向かう。

4　火災にさらされる防火戸

防火区画を仕切る防火戸は火災発生と同時に閉じられ、煙と熱が他の区画への移動を防いでくれる。
くぐり扉は熱で変形し、取っ手は素手では触れないほどになっている。
扉を破壊器具でこじ開けると熱風が吹き付けてくるので注意する必要がある。

5　耐火建築物火災時の給気側と排気側

地上の建物火災室への新鮮な空気の流入は、窓や扉の隙間以外に、火災室の開口部に中性帯ができ、給気と排気の交換箇所が出現する。
建物内のホース延長は、階段を手びろめによるものや外壁を沿わせながらホースを垂らしメス金具を下げる方法、さらには、連結送水管を使用してのやり方がとられる。
現場指揮本部は、火災階の階下に設置され、消防戦術が練られる。
出場各隊は、本部の指示にのっとって行動する。
現場における命令は、訓練等で育んだ技量の範囲にとどめることが大切である。

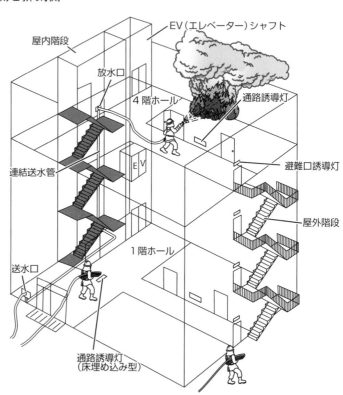

6　耐火建物の消火方法

防火戸のホース延長は、切込み箇所を通し防火戸が半開になるのを避け、区画の気密が保たれるようにする。屋外階段に通じる扉から外気が流入しやすいので、ホースの幅ほどの開きにとどめる。

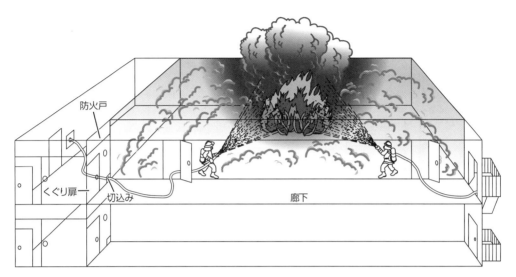

死角注水は水損を高めるので、区画内の廊下等で火災室の温度、燃えの状態を確かめる必要がある。
出入口の扉を開き暗視スコープ等で内部を検索することが大切である。

火災室が高温の場合は進入が不可能のため、フォッグガンによる噴霧注水で温度を下げる。
空気呼吸器の面体に射し込む熱線が熱さを通り越し痛みを伴うようであれば進入を見合わせる必要がある。
温度が低下した時点で一挙に鎮圧を図る。

7　地下室火災の空気の供給

地下室における火災は、熱気が室内にこもりやすく、供給される新鮮な空気も火災の上昇気流に阻まれるので、酸欠状態に近く、くん焼が長く続き高温が蓄積される火災環境になる。

地下室火災は、新築や内装工事中等の建物に見受けられる。

工事中の場合は、エレベーター竪穴や階段室の防火戸が開け放たれていることがあり、新鮮な空気の供給路になることがある。

工事中以外の火災は、防火区画の防火戸が作動し、空気の供給が断たれて自然鎮火することがある。

火災室から延焼を食い止める防火区画の防火シャッターが障害物に当たって半開きの状態になってしまい、ここから高温熱気が噴き出して延焼に至ったものもある。

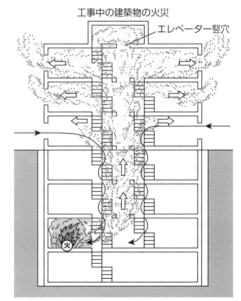

地下室に連結散水設備が設置されている建物があるので、これを使用して一挙に鎮圧を図るようにする。

8　防火戸の役割

避難は、居室から広場などへ災難を避け、一時的に安全な場所に移ることであるが、ビルの居室から廊下に出て、各階ホールに進み、屋内階段を使い1階ホールに下りる場合には、この経路に防火戸が設置され煙や熱気から避難者を守る工夫がとられている。

自動閉鎖式防火戸

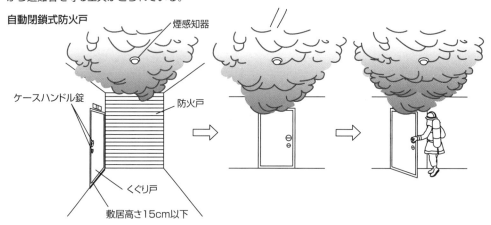

廊下など常時開放しておく必要のある場所に設置され、感知器や人の手でも随時、閉めることができ防火戸の面積に制限はない。避難用のくぐり戸（高さ1.8m以上、幅75cm以上、敷居高さ15cm以下）が設けられ、煙感知器や熱感知器に連動して閉鎖する。

常時閉鎖式防火戸

常時、閉鎖状態の防火戸は、避難時には手で開けられるようになっている。防火戸の面積は3㎡以下で、ドアクローザーで自動的に閉まる構造になっており、ストッパーやくぐり戸、感知器で自動閉鎖する。

防火シャッター

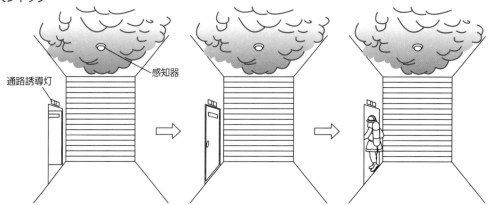

防火区画などに設置されている防火シャッターは、感知器の連動によって自動閉鎖するため、横に避難用の通路が設けられており、ドアクローザーで自動閉鎖するくぐり戸が設置されている。

高層建物火災消火活動

　火災階における消火活動は、まず噴霧注水を受けながら人命検索に当たる。
　逃げ遅れた者を発見した場合は、熱気から身を守るため噴霧注水で身体を冷やしてやる。
　階下の水損防止を図るためシャットオフコックを小まめに切り換えて、必要最小限の水量で消火を図る。
　火災階又は階下に前進拠点を設けて、予備ボンベ等の必要資器材の補充を図る。
　排気側に火炎の噴き出しが起こる場合があるので、包囲隊形を取った場合は、他の隊との連携を密に保つようにする。

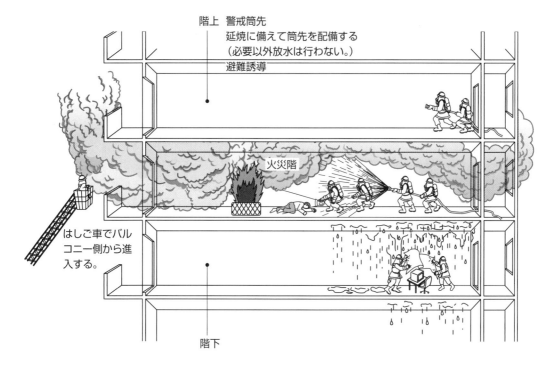

【階下の水損防止】

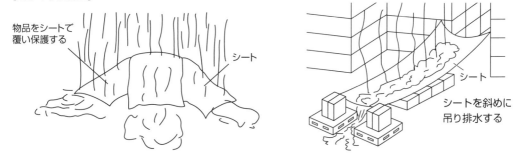

　火災室の消火水は、階下に水損をもたらすことがある。床に防水加工を施している場合は発生する危険性は少ないが、普通のコンクリート床では消火水が浸透し階下に漏れ落ちて損害をもたらすことから、禁水物品等を優先的にブルーシート等で覆い被害の軽減を図る必要がある。

●高層建築物における連結送水管と消防隊専用エレベーター等

我が国において、超高層ビルの建物火災は幸いにして起きていない。これは行政指導が行き届いていること、さらには、ビルの防災センター業務の監視が功を奏し、メンテナンスが完璧であること等により、出火につながる要因が抑え込まれているものと考えられる。

建物の外壁全体に強化ガラスが使われ、強風や耐火にも強さを発揮しているところである。

高層建物火災は、防火扉等に阻まれ一画で収まるが、延焼の場合はパイプや電線等の堅穴区画が延焼経路になるものと考えられる。

外国では、超高層建物火災で外壁から噴き出た火災プルームによって、ビル全体が炎と煙に包まれた様子がテレビに映し出されることがある。日本では、映画「タワーリング・インフェルノ」のようなことが起こらないよう、日々、努力が必要である。

航空消防隊は、建物の屋上緊急離発着場に着陸し、特別避難階段を下りて、火災階の階下で出場各隊の到着を待つ。

地上からの各隊は、現場到着するために階段を駆け上がると相当な時間を要するので、非常用エレベーターを使用することが大切である。

地上の消防ポンプ車隊は、ビルの送水口にホースを結合し連結送水管で中間水槽に送水する準備に取り掛かる。

はしご自動車隊や高所放水塔車は、11階以下の階からの出火に備えるようにする。

【連結送水管消火活動】
火災が発生している区画に進入し、暗視スコープ等で火点を特定してから噴霧注水でのピンポイント攻撃を行い、水損防止に努める必要がある。
ホースの結合金具には町野式とネジ式とがあるので、消防隊が保有するものと設備のものと互換性があると便利である。

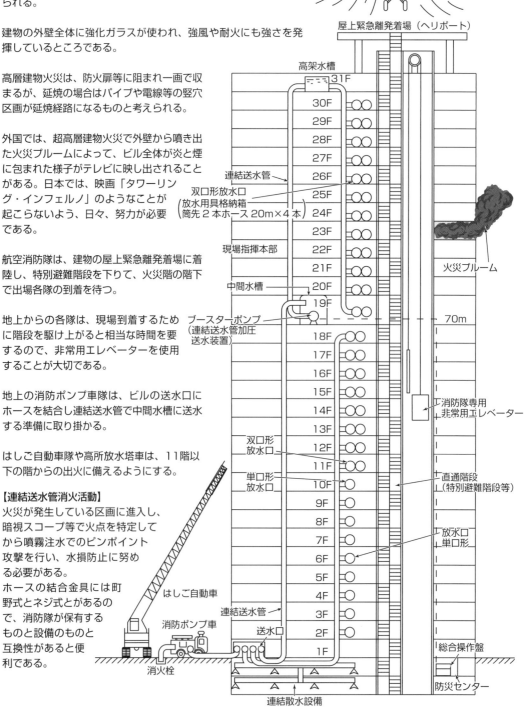

消防用設備等の活用

●誘導灯

【避難口誘導灯】
階段室の出入口や屋外の出入口等の扉の上部に設けられている。

【通路誘導灯】
避難の方向を明示しているだけのものである。

【通路誘導灯（床埋め込み型）】
床面に埋め込まれた誘導灯もある。

いずれのタイプも常用電源が停電してもバッテリーで20分間又は60分間以上点灯している。

　突然、煙に包まれホワイトアウト状態に陥った場合は、落ち着いて手探りで壁面を伝え歩きしながら、脱出口を探りあてること。
　薄い煙の中に誘導灯が浮かび上がることもある。

●排煙設備

　建築基準法施行令では、ビル等に排煙設備の設置を義務づけて、火災発生時の避難に備えている。

　消防法施行令では、排煙設備を「消火活動上必要な施設」として位置づけ、消火活動等に役立てている。

【設備の種類】

　排煙設備には、窓などの開口部から排煙する「自然排煙設備」とファンによって強制的に排煙する「機械排煙設備」の2種類がある。

【自然排煙設備】
煙は天井面にたまる性質上、天井近くに煙出し用の「ガラリ」を設けたり、「回転窓」、「内倒し窓」や「外倒し窓」等を手動開放装置により外気に開放できるようにしてある。

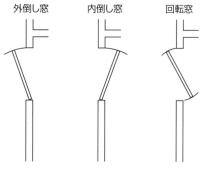

手動開放装置のハンドル部分の「押」のところを押すと「外倒し窓」等が開放していく。

復旧は、ハンドルで巻くと窓が閉まる。

【機械排煙設備】
強制排煙の機械排煙設備は、排気ファンを使用して強制的に排煙する設備である。
この設備は、地下街の地下道等に設置されている。

作動状況
○　壁に設置してある手動開放装置を作動させると、常時、閉鎖している天井面の排煙口が開く。
○　手動開放装置は、屋上の排煙機と連動し排煙ファンも回転を始める。
○　排煙ダクト内を煙が流れ、塔屋の排煙機の排煙口から外気に煙が排出する。
○　吸い出される火災室の気圧は、廊下側より低いため、煙が廊下側に流れ出る量は減少する。

火勢の拡大に伴い、排煙ダクトが火災の媒体となることがある。火炎が伝わらないようにダクトの途中に防火ダンパーを設置して280℃で全部閉鎖するようにしてある。したがって、火災室からメインダクトに通じる防火ダンパーも閉鎖されるため火災室の高温熱気は排煙機側へ流れることはない。

●連結散水設備

　地下室火災のために消火活動上必要な設備として、連結散水設備が設けられている場合がある。地階で火災が発生した場合は、熱気と煙が障害となり消防隊員の進入が阻害され、消火活動が極めて困難を来すことがあるために、地階に散水ヘッドを設け、これに送水することによって消火を行うものである。

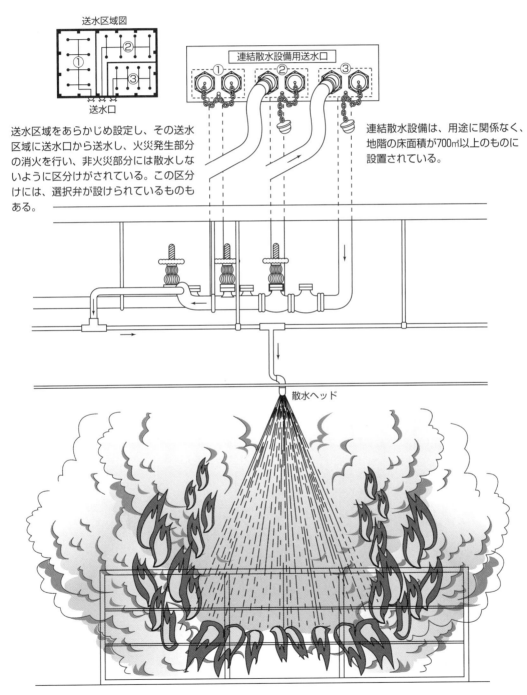

送水区域をあらかじめ設定し、その送水区域に送水口から送水し、火災発生部分の消火を行い、非火災部分には散水しないように区分けがされている。この区分けには、選択弁が設けられているものもある。

連結散水設備は、用途に関係なく、地階の床面積が700㎡以上のものに設置されている。

●連結送水管

連結送水管は、消防活動上必要な設備として設置されている。
消防隊は、この送水管を使用して火災階に送水する。

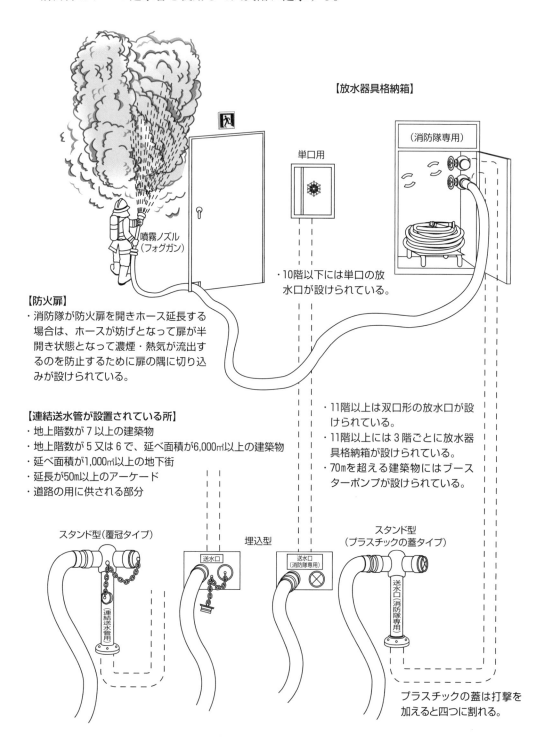

【放水器具格納箱】

単口用

・10階以下には単口の放水口が設けられている。

【防火扉】
・消防隊が防火扉を開きホース延長する場合は、ホースが妨げとなって扉が半開き状態となって濃煙・熱気が流出するのを防止するために扉の隅に切り込みが設けられている。

【連結送水管が設置されている所】
・地上階数が7以上の建築物
・地上階数が5又は6で、延べ面積が6,000㎡以上の建築物
・延べ面積が1,000㎡以上の地下街
・延長が50m以上のアーケード
・道路の用に供される部分

・11階以上は双口形の放水口が設けられている。
・11階以上には3階ごとに放水器具格納箱が設けられている。
・70mを超える建築物にはブースターポンプが設けられている。

スタンド型(覆冠タイプ)　埋込型　スタンド型(プラスチックの蓋タイプ)

送水口　送水口(消防隊専用)　送水口(消防隊専用)　連結送水管用

プラスチックの蓋は打撃を加えると四つに割れる。

排煙活動

　消防隊が消火活動をする上で、火災により生じた煙は活動の妨げとなる。特に地下街や地下室は煙がたまりやすい。
　送排煙機にフレキシブルダクトを取り付けて、強制的に煙を排除して、消防活動がスムーズになるようにする。
　動力はエンジン、電気及び水流駆動のものがある。
　漏えいガスの排除は、水流駆動のものが最適である。

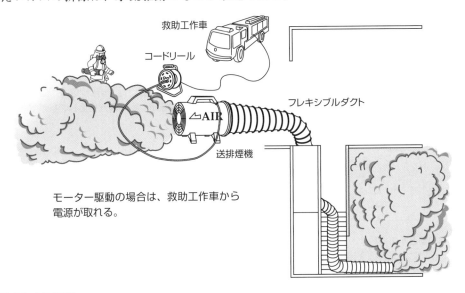

モーター駆動の場合は、救助工作車から電源が取れる。

【噴霧注水による排煙】
噴霧注水時に発生する微細な粒が高速で火災室に噴射されることにより、風圧が発生する。この圧力を利用して、屋内にとどまる煙や熱気を排除することができる。

風上側に注水部署し、開口部を覆うように高圧噴霧で注水すると、風の相乗効果もあって、風下側の開口部から煙を勢いよく排出することができる。

逆に風下側に注水部署して高圧噴霧で注水しても、風上側の開口部から入る風圧によって力が相殺してしまい、煙の吹き返しにつながって排煙が期待できない場合がある。

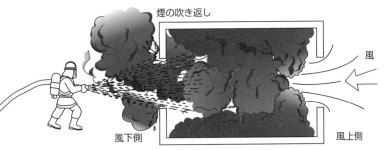

9　火災建物での活動

【トンネル火災時の排煙】
比較的、風通しのよい高い所の道路トンネル火災には、風上側から進入しトンネル全体を3口の高圧噴霧注水で排煙するのが効果的である。

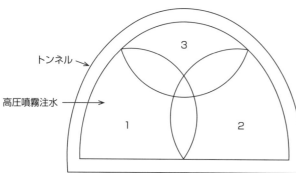

煙が逆流しないようにトンネル全体を覆い、煙を押し出すようにして、少しずつ前進する。無風に近い地下街や地下トンネル等の場合は、排煙車や排煙機を使用して排煙する。

トンネル内の煙と熱の拡散
煙と高温・熱気は、天井面を出入口方向に伝わる。炎からの放射熱以外に天井面に蓄積された高温・熱気が頭上に降り注ぐようになる。

トンネル内では、正面と天井面の二方向から高温で曝露され、熱は防火衣を透過する。熱気で身体に痛みを感じた場合、防火衣を脱ぎ捨て身体を冷やすようにする。

9 火災建物での活動

地形等の活用

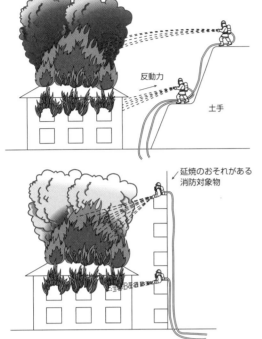

【土手や土盛の活用】
炎上中の建物の付近に土手や小高い丘がある場合は、はしごを斜面側に掛けて上がり、足場の安定している地面から放水を行った方が、てい上放水よりはリスクが少ないという利点がある。
隊員には、放水による反動力が働くので、斜面から転落する危険性は少なくなる。

【建物のベランダを活用】
炎上中の建物火災で、隣棟の建物が耐火構造の共同住宅のような場合は、足場が安定しているため、積極的に消火活動に活用することが望ましい。
消防法第29条で消防吏員や消防団員は延焼のおそれがある消防対象物やその周辺の土地を緊急やむを得ない場合に限って使用できると規定している。そのままにしておけば、延焼してしまう可能性が高いことから、消防対象物側にも受忍の義務があるため、これを阻むことは社会通念上からも許されないことなのである。

非常用エレベーター

　高さが31mを超える建築物には、非常用エレベーターの設置が義務付けられている（建築基準法施行令第129条の13の3）。
　このエレベーターは、通常は普通のエレベーターと同じように使用されるが、火災等の非常時には、避難や消防隊が救出、消火活動を行うために使用されるものである。
　ビル全体が火災で停電になっても、予備電源の設置が義務付けられているため、作動には支障を来さないようになっている。

乗降ロビー（附室）
非常用エレベーター前の附室は、火災の煙が入らないように機械給気加圧方式によってクリアゾーンが形成されている。

非常用エレベーター
最大定員○○名
積載荷重○○○○kg

99

【エレベーターの設置義務台数】
　高さ31mを超える部分の最大床面積（階ごと）による非常用エレベーター設置義務台数は、次のとおりである。
　　1,500㎡以下　　　　　　　　　1台
　　1,500〜　4,500㎡以下　　　　2台
　　4,500〜　7,500㎡以下　　　　3台
　　7,500〜10,500㎡以下　　　　4台
　　10,500〜13,500㎡以下　　　　5台
　　13,500〜16,500㎡以下　　　　6台
　さらに、3,000㎡以内を増すごとに1台ずつ増加する。

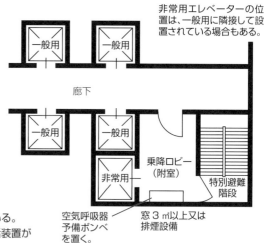

【エレベーターの機能】
① 乗降ロビーが付置されている。
② 非常運転に切り換えることができる装置が付いている。
③ かご内と中央管理室とを連絡することができる電話装置が付いている。
④ ドアスイッチの機能を停止させ、かごの扉を開いたまま、かごを上下させることができる装置が付いている。

　火災現場の建物に到着した消防隊は、火災の状況を把握している防災センターの関係者から的確な火災等の情報を得て、非常用エレベーターのある附室に防ぎょに必要な資器材を運び込み、これらをエレベーターに積み込んでおいて、エレベーターの運転に取り掛かる。
　附室は防火戸が火災感知器の作動により区画が完成する。この部屋は加圧されているため、廊下や階段に出る際には、扉を開くとき多少の力を入れる必要がある。半開きの扉は、加圧された空気によって自然に閉じるようになっている。

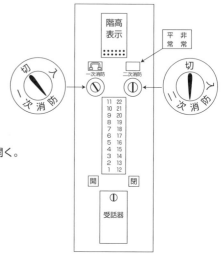

【エレベーター消防運転方法】
1　かご操作盤の一次消防スイッチを「入」にする。
2　かごが出発するまで行先階ボタンを押し続ける。
　○　かごが出発し、目的階に到着、戸開ボタンを押して扉を開く。
　○　戸閉ボタンを押せば扉は閉まる。
3　行先ボタンを押して扉が閉じても出発しない状態が発生した場合は、二次消防スイッチを「入」にする。
　○　かご操作盤の二次消防スイッチを操作すると二次消防運転に切り換わる。
　○　扉が閉じなくても運転ができる状態となる。
4　二次消防運転
　　二次消防スイッチ、onを押し続け、同時に行先ボタンを約3秒間押し続ける。（かごが出発したら手を放してよい。）
　○　約3秒間経過するとブザーが鳴りやみ、扉が閉まらなくとも、かごは出発する。

【復旧】
　電気配線の絶縁抵抗等異常のないことを確認した後に、操作したスイッチをすべて元に戻す。
　機械室制御盤内の手動復帰ボタンを押して「非常運転」の灯の消灯を確認して、平常運転に戻す。

注水死角

　耐火構造の建物火災において地上からの注水は、バルコニー等の障害物によって注水死角が生じ、有効注水は期待できない。
　はしご自動車等の高所からの注水以外は、地上から直接の注水を極力避けること。

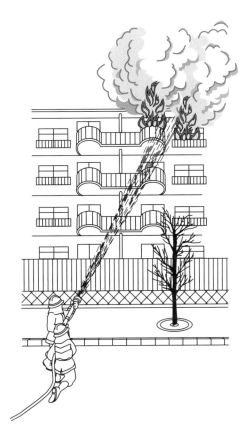

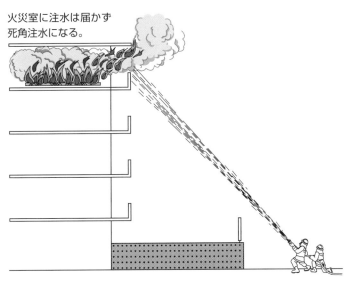

火災室に注水は届かず死角注水になる。

10 破壊要領

　火災現場において消防隊員に認められている破壊消防は、消火や延焼防止又は人命の救助のために必要があるときに、火災が発生せんとし、又は発生した消防対象物を破壊する場合とされている。したがって、進入口の設定や進入障害の除去、注水効果を高めるための注水障害の除去、消防活動危険の除去、壁体内等に潜在する残火の確認などに限られる。
　破壊に必要な器具や技術については、破壊しようとする物によって異なるので、器具の取扱いや破壊すべき物について特性を十分に知っておく必要がある。
　破壊活動は、高所であったり、強い力で器具を駆使したりするので、不安定な足場での作業は弾みで作業隊員に跳ね返る危険性があるので十分に注意する必要がある。

●シャッターの破壊

【ガス溶断】
重量シャッターをガス溶断する場合は、切断面に溶融物（スラグ）が付着するので、切断幅を広めにする。

縦に両側を切断してから上部を横に切断して、足で蹴って倒すようにする。

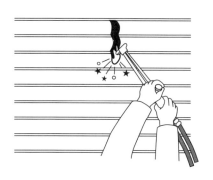
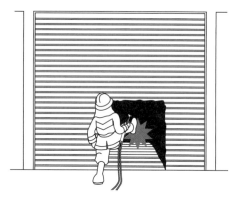

【軽量シャッター】
スプリングで巻き上げる。
鉄板の厚みは0.5mm〜0.8mmある。
バールをてこにして、ラッチ錠又は錠前を破壊する。

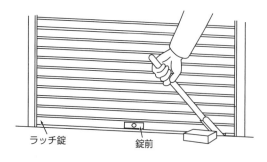

10 破壊要領

【パイプ（グリル）シャッター】
機械で巻き上げる。ボルトクリッパーで切断できる。
パイプの径は、φ12.9mm～16.0mmある。

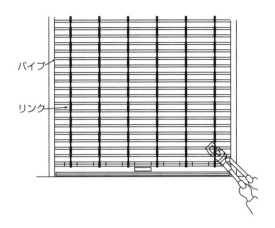

【セクショナル・シャッター】
シャッターの鉄板が蝶番で連結されている。鉄板の支持枠チャンネル鋼ごとエンジンカッターで切断する。

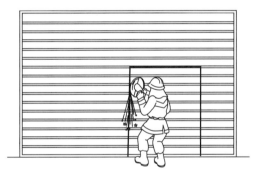

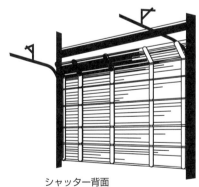

シャッター背面

シャッターを破壊する以外にも開放する手段がある場合は、他の方法で開くようにする。消火に必要な破壊をちゅうちょしたため、火災を拡大させてしまった例もある。防火構造の建物の壁体表面の燃焼物を鎮圧したと判断し、引き上げたところ、壁体内部に残っていた火種がくすぶり続け、再燃し延焼拡大した事例があることからも、破壊活動は的確な状況判断が求められる。

●付属物の破壊

【隔て板の取り外し】
共同住宅等のベランダの隔て板（仕切り板）は、パッキンを引っ張り手で押すと開放できる。
パッキンのないものは足で蹴破り開放する。

【鉄格子の破壊】
はしご上で作業姿勢をとる。
格子の鉄筋をパワーカッターで切断する。

【雨戸】
一方を万能おので持ち上げてくさびをかい、もう一方を持ち上げながら手前に引いて外す。

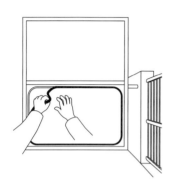

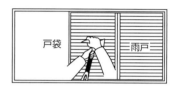

●扉・戸等の破壊

【かんぬき】

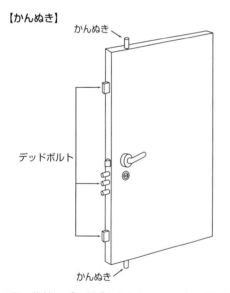

1回の施錠でデッドボルトとかんぬきが同時に作動するタイプの扉もある。

【ドアボス】

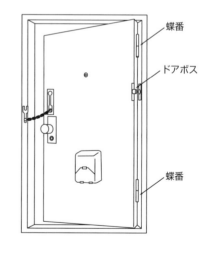

蝶番が破壊されても扉が脱落しないようにする支持金具（ドアボス）のついたタイプのものもある。

10 破壊要領

【戸先鎌錠設置扉の破壊】
通常の錠のデッドボルトにあたる鎌状の掛け金が作動して施錠される引き戸は、扉全体が薄いものが多いのでおの等で桟ごと破壊して開口部を確保する。

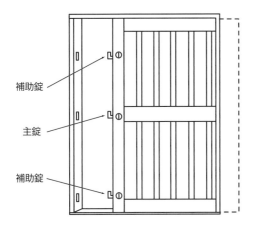
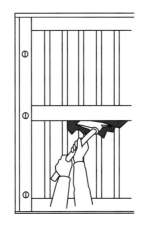

【防火扉】
施錠してある防火扉は合鍵で解錠するか、エンジンカッターで錠前又は蝶番を切断する。

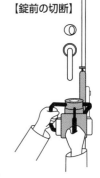

ドアの錠前のラッチボルト（空締）とデッドボルト（本締）ごと切断する。

【本締め付きモノロック（インテグラルロック）の破壊】

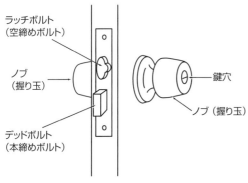
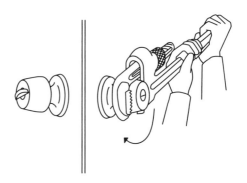

本締め付きモノロックは、棒状の鍵（棒鍵）を差し込んで回転させ、棒状の鍵の突起部で鍵内部のレバーを動かして、施・解錠する。このタイプの錠は「ねじ切り」で破壊することができる。

本締め付きモノロックは、パイプレンチをノブにあてがって、ねじ切ることができる。

105

【木製ドア】
木製ドアの場合は、金てこ、おの等を鍵近くの隙間に差し込みこじ開けるか、ドアの板を斜めにおので切断する。

斜めにおのを振り下ろしながら板を切断するか、おので切り込みを入れておいて、チェーンソーで切断する。

【玄関ドアの開放】
玄関ドアには、防犯のため主錠以外に補助錠が設置されている場合が多いので、ガラス破壊後は、手を差し込んで、この複数箇所を解錠しておいて、ドアを開放する。防犯対策として、サムターン回しを阻止する製品が取り付けられている場合もある。

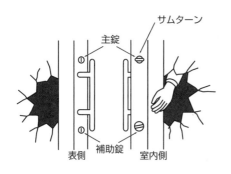

引き戸の施錠位置が扉の下部のトリガーの場合は、ガラス破壊後、室内側に手を差し込んで、つまみを回して解錠する。

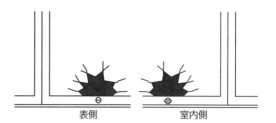

窓やドアが施錠されているような場合は、ガラスの破壊を必要最小限にして、錠を外して窓を開放した方が、ガラス1枚を破壊するよりも、ガラスの破片での危害を防止することができる。

窓ガラスは、掛け金の辺りを手が入る程度に破壊して、窓を開放する。

クレセント錠
近年では、鍵付きクレセントや窓枠用補助錠なども登場しているので、この場合は窓枠全体のガラスを破壊する。

10 破壊要領

●ガラスの破壊

建築物のガラスは、風圧に強いものが使用され、台風のような風だけで割れることは少ない。風で飛ばされた金属製の鋭利な部分が当たった場合に割れることがある。

1　強化ガラス

強化ガラスは、フロート板ガラスを約650℃の軟化温度近くまで加熱した後に急冷してつくられ、フロート板ガラスの3〜5倍の強度を有している。また、内部応力のエネルギーを高めているため、壊れ始めるとガラス全面が小さな粒状の破片になるのが特徴である。

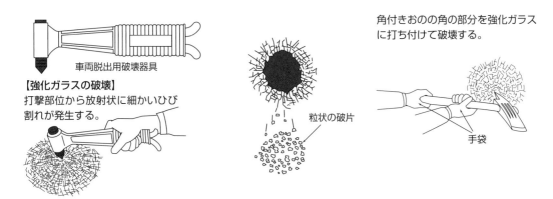

車両脱出用破壊器具

【強化ガラスの破壊】
打撃部位から放射状に細かいひび割れが発生する。

粒状の破片

角付きおのの角の部分を強化ガラスに打ち付けて破壊する。

手袋

2　倍強度ガラス

通常のフロート板ガラスの約2倍の強度を有するのが倍強度ガラスである。強打するとフロート板ガラスと同様に破壊後の形状は大きな破片となる。高層ビルの窓ガラス用として使用されている外、耐風圧や熱割れ強度が求められるところに使用されている。

【倍強度ガラスの破壊】
はしごに上り横向き作業姿勢をとる。
窓ガラスの○印の隅を角付きおのの角の部分で殴打して破壊する。

とび口で高い所のガラスを破壊する場合は、落下する破片で負傷するおそれがあるので、フード付ヘルメットで頭部と顔面の保護に努める必要がある。

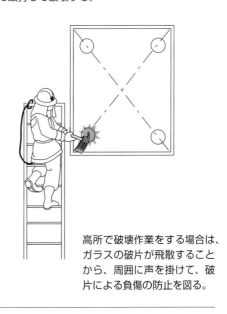

高所で破壊作業をする場合は、ガラスの破片が飛散することから、周囲に声を掛けて、破片による負傷の防止を図る。

107

3　耐熱強化ガラス

強化ガラスに防火性能を持たせたものが、耐熱強化ガラスである。通常の強化ガラスに約2倍の耐熱性を加味したもので、見た目もスッキリしたガラスであるため、網入りガラスに代わり、網目のない防火戸として使用されている。

4　合わせ板ガラス

2枚の透明な板ガラスの間に接着力の強い、透明な中間膜のポリビニルブチラール・フイルム（厚さ0.38mm～0.76mm）、塩ビ膜、ウレタン膜、液体アクリル樹脂などを入れて、加熱圧着加工したもので、破損による飛散防止と耐貫通性も図られた安全性に優れたガラスであることから、自動車のフロントガラス、ステンドグラス、店舗のドアなどに使用されている。

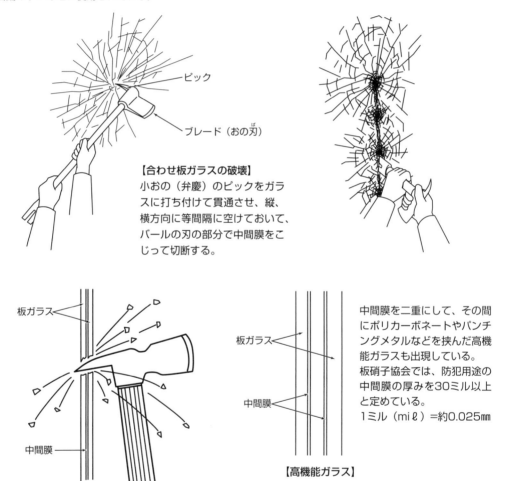

【合わせ板ガラスの破壊】
小おの（弁慶）のピックをガラスに打ち付けて貫通させ、縦、横方向に等間隔に空けておいて、バールの刃の部分で中間膜をこじって切断する。

中間膜を二重にして、その間にポリカーボネートやパンチングメタルなどを挟んだ高機能ガラスも出現している。
板硝子協会では、防犯用途の中間膜の厚みを30ミル以上と定めている。
1ミル（miℓ）＝約0.025㎜

【高機能ガラス】

小おののピックを合わせ板ガラスに打ち付けて破壊作業に入る際は、細かい破片が勢いよく飛び散るので、身体の露出がないようにしておいて、破壊に取り掛かること。

合わせ板ガラスのような厚い板ガラスは、とび口の打撃では破壊が困難である。大ハンマーや大おのは厚さ8mmぐらいまで破壊することができ、条件次第で12mmの厚さのものも破壊可能である。

【網入り板ガラスの種類】
網入り板ガラスの種類として、①菱形ワイヤ板ガラス②クロスワイヤ板ガラス③線入り板ガラスの3種類がある。

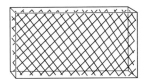
菱形ワイヤ板ガラス

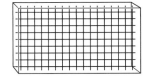
クロスワイヤ板ガラス

線入り板ガラス

5　網入りガラス

網入りガラスは、打撃してガラスを割っても、網目状に鉄線がガラスに入っているので、割っても大きな破片が脱落することはない。
鉄線に付着しているガラスは、ペンチ等で切るか、窓枠等に残ったガラスごと全部取り去るようにする。

【網入り板ガラスの破壊】
網入り板ガラスの破壊は角付きおののおの刃をガラスに打ち付けてガラスの中のワイヤごと破壊する。

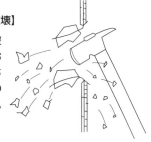

6　特色のあるガラス

建築物は、建築技術の発達に伴い、従来の壁構造のものから鉄の柱構造へ変化したことによって、ガラスが多用されるようになった。
熱線反射ガラスは、表面に金属酸化膜などを焼き付けて熱反射率を高め、日光を反射や吸収して冷暖房にかかる負荷を和らげる狙いがあり、ハーフミラーと外壁の仕上げ用のカーテン・ウォールとして高層ビルに多用されている。
熱線吸収板ガラスは、ガラスの原料に微量の鉄、コバルト、セレンなどの金属を加え、さらに着色剤を加え作られたもので、超高層ビルに多用されている。
複層ガラスは、2枚の板ガラスの内側を、銀をベースにした金属膜でコーティングし、この間に乾燥した空気を入れて作られたものである。遮音性と断熱性に優れているため、超高層ビルに使用されている。結露しない特徴がある。
セラミックプリントガラスは、強化ガラスや倍強度ガラスの表面にセラミック・ペーストをスクリーン印刷して焼き付けて作られたものである。

スペーサーは、封着剤で密封してあり、スペーサー内は、乾燥剤が封入してある。中空層は結露しにくく、乾燥状態が保たれているため、冷暖房に効果的である。

【ガラスブロック】
化粧ガラスブロックは、高温で溶着したガラスに空気を吹き込んでブロック状に成形したものである。断熱と遮音効果に優れたガラス製品であることから建築物に多用されている。

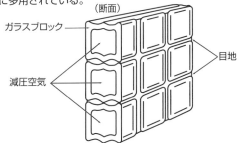

【化粧ガラスブロックの破壊】
ハンマー又は掛矢でブロック面を殴打する。ゴーグル等でガラス破片の飛散から身を守る。毛布をあてがい殴打してもガラス破片の飛散を防止できる。

11 消火及び注水要領

　注水は、消火するため筒先から放出する水を目標に到達させる手段で、消火する対象物によってストレート注水（棒状注水）、噴霧注水、フォグ注水等が使用される。

注水の種類と比較

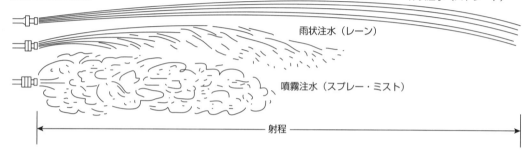

●ストレート注水（棒状注水）

　ストレート注水は、棒状で目標に水を集中的に到達させる方法である。水を分散させないことから浸透力があり、一般火災の防ぎょに用いられる。

1　注水の特徴

大量の水を遠方に届ける手段として、射程が長いため輻射熱が強い場合は離れた位置から放水ができ、高い圧力も兼ね備えているため破壊力を有しているのが特徴である。

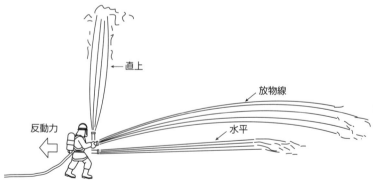

注水を同一の圧力で、真上方向と放物線を描くようにした場合、さらに地表と水平方向にした場合とを比較すると、最も遠くへ飛ばすことができるのは放物線を描くように放水した場合である。

2　注水の反動力

筒先から出る水の勢いは、ロケットの噴射による推進力と同様にホース側に反動力が発生し、保持する隊員が後方に引っ張られる力が生じ、時々、圧力が強すぎて筒先隊員がひっくり返されて負傷する場合があるので、圧力を上げる場合は、機関員と連携を密にする必要がある。また、訓練において筒先圧力の保持できる限界を掌握するとともに、高圧注水が必要な現場では、放水銃等の器具を使用し、隊員の身の安全を図る必要がある。

3　注水による破壊

燃えて細くなった部材は、建物全体を支える力を次第に失うため、ぐらついて今にも落下しそうな軒瓦等を水圧で払いのけ、安全の確保を図るようにする。

◉噴霧注水

　噴霧注水は、噴霧ノズルを使用して水を微粒子状にして放水するもので、水の粒子の表面積が大きくなるため、気化熱の吸収率が極めてよく、冷却効果が大きくなる。

　屋内火災、耐火建築物火災、地下室火災、船室火災等に効果的であるため多用されている。また輻射熱や熱気流によって火点に接近できない場合の隊員の保護水幕に用いられる。

1　噴霧注水でストレート注水の保護幕

噴霧ノズル
円すい板の多孔から水が噴出し、反動力で円すい板が回転することによって、良好なスプレーやミストを生み出す器具である。

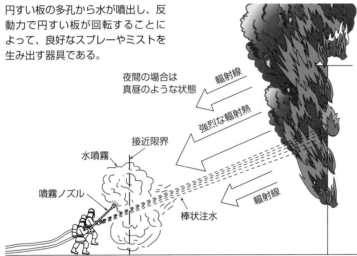

輻射熱を遮る適度な物がない場合は、噴霧ノズルで身体の保護を図ることにより、放水隊と援護隊は熱さを感じられる所まで前進し放水することができる。

2　高速・中速噴霧

バリアブルノズルでストレート注水に近い噴霧注水にして、21型ノズルの開度10°〜30°で高速噴霧にする。注水の要領はストレート注水と同様であるが、射程と破壊力の面でストレート注水に多少劣る。
中速噴霧は、ノズル圧力約0.6MPa以上で21型ノズル開度30°以上にすると射程と破壊力は小さくなり、水は霧状になるので、冷却、希釈、窒息、保護水幕などに効果がある。
消火や排煙、遮煙、援護、排熱等を行う場合は、注水目的を明確にする必要がある。

●フォグ注水

　噴霧注水よりさらに微粒子にした水を注水するのがフォグ注水である。間接攻撃法（レーマン戦法）に最も適した注水方法である。すなわち、火災で発生した熱を放水した水の蒸発熱で吸収し、燃焼の継続を止めようとするものであるが、注水開始時に高温熱気が噴出するので火傷しないように注意すること。

【障壁と注水との関係】
棒状注水は、煙が立ち込める現場では、見通しが利かないことが多く、防火シャッターのような障壁に阻まれると効力がそがれてしまい、消火の効果が得られないこともあって、長時間の放水となって水損を招くような事態になる場合がある。

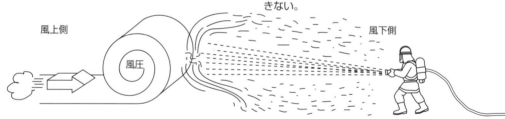

【風下側からの注水】
風下側から風上に向かって棒状注水を行った場合は、風圧によって押し戻されるため、有効な消火は期待できない。

【強風時の注水】
強風が吹く火災現場では、真上に放水した水が横合いからの風によって飛散してしまい、注水目標に届かない事態も起こるので高所放水塔などからの注水に切り替えが必要となる。

●注水方法

　集中注水は、燃焼実体に集中的に水を掛けることである。
　拡散注水は、炎上中の建物と延焼危険の建物等に交互に振り分けながら広く注水することである。燃焼の実態や状況に目標を見定めて、筒先を上下左右又は円を描くように注水することが効果的である。

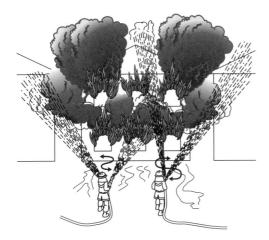

【的外れの注水】
木造2階建ての火災において、1階から出火し燃え盛っているような場合、屋根が燃え抜けていない状況下では、炎と煙にげんわくされて、屋根に放水するといった的外れの注水が往々にして起こる。豪雨に近い大量の水が落ちてくるようであれば、屋根はまだ維持しているとみる方が賢明である。

【高所注水】
地上から高所を目掛けて放水しても水は火点に届くことはないので、スクアート車のような高所放水塔で注水しながら消火活動に当たる必要がある。

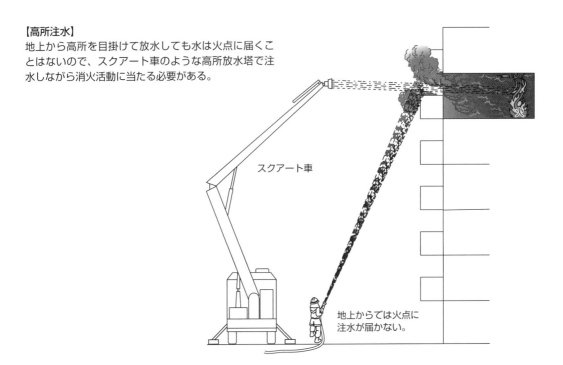

12 人命救助

　火災現場における人命救助は、消防隊にとって最優先に取り組む消防活動で、現場活動で消防隊だけが解決できる唯一の事柄である。具体的には濃煙・熱気の中での人命危険の排除や危機的状況下におかれた人命を救助することである。

火災発生と同時に感知器が作動し、防火戸が閉まり防火区画が形成される。消防隊はくぐり扉を開けて火災室に進入する。

最先着隊の使命は、発災階の防火区画内に取り残された要救助者の救出や避難誘導に専念することである。

【徒手搬送】

暗視スコープ等で要救助者を特定してから、隊員は、要救助者の両腕を交差しておいて、脇の下から両手首を握って、両足を引きずりながら搬出する。

小柄な人や子どもなどの要救助者は横抱きにして搬出する。

【用具を使用した搬送】

救急隊のストレッチャーに乗せて搬出する。

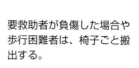

要救助者が負傷した場合や歩行困難者は、椅子ごと搬出する。

病院火災の場合は、看護師等が担架やストレッチャー、車椅子を用いて救出している真っ最中に消防隊が現場に到着するのが常である。この場合では、消防特有の行動を開始する。
老人福祉施設火災では、病院とは異なりスタッフが少ないことから避難誘導等の困難が予想され、救出全体の組立てを必要とすることになる。
救出方法は、布団やマット、シーツ、毛布等に要救助者を寝かせた状態で隊員が引きずるやり方が古くから行われてきた。
要救助者と隊員の体重がほぼ同じ程度の場合は、背負って救出する方が確実である。体重が重い場合は、2名の隊員でファイヤーマンズキャリーで搬送する。
ICUやCCUに収容され、呼吸管理機材等が装着されている重症者は、医療スタッフの指導により搬送することが重要である。

12 人命救助

【火災時ロープでの救助例】

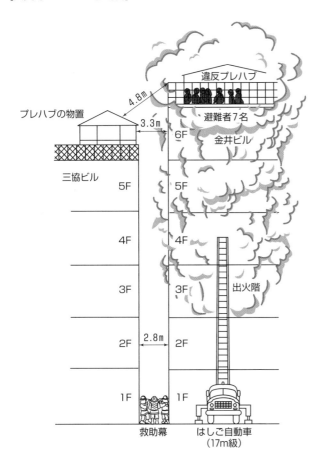

昭和41年1月9日未明に川崎市のＪＲ川崎駅前のキャバレー「ミス川崎」（金井ビル）3〜4階から出火（消防局は午前1時03分覚知）。

従業員12名が一酸化炭素中毒死したが、消防隊がロープで7名救出している。

従業員数名が消火器で初期消火を試みているが失敗している。

屋内消火栓のホースも延長しているが、使い方が分からず放り出している。

はしご車は17m級で屋上に届かず、3〜4階の消火活動を行っている。

7名の避難者の救出完了後にプレハブの住宅が燃え落ちた。

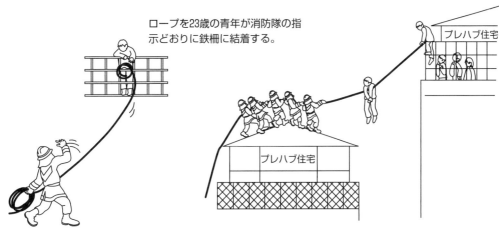

分隊長が、隣接の三協ビル屋上のプレハブの物置の屋根から、16mmの麻ロープを避難者目掛けて3回投げ入れて成功している。

消防隊員は、避難者に「ロープにつり下がるな。ロープを両脇でしっかりと挟み片方の手首を握れ」と指示する。「下を見るな、絶対に手は放すな」と指示と激励をしながら救出している。

115

13 建物以外の火災防ぎょ

林野火災

1　林野火災防ぎょ

林野火災における消火活動は困難が伴う。
延焼方向の先端には立ち入らない。
緩慢な延焼時に側面から攻撃する。
指揮者は、全体が見渡せる位置で指揮を執り、
部隊間の連携は無線によって密にする。
強風時は、民家への延焼防止に当たる。

【固定防火線】

【間接消火法】
防火線の構築は、理論的には可能である。
構築には、多くの人員と機材を必要とする。
迎え火はタイミングが課題である。
地表火を防ぐには、樹高の2倍の防火線幅を必要とする。

林野火災において、コンクリートミキサー車で水を運搬したケースもある。

【林野火災防ぎょの種類】
林野火災の消火活動は、地上と航空機による空中消火の2種類がある。
地上の消火活動は、中継送水による水利から、火点に水を送り注水による消火が代表的なものである。
空中からの消火は、ヘリコプターによる空中からの散水によるものである。

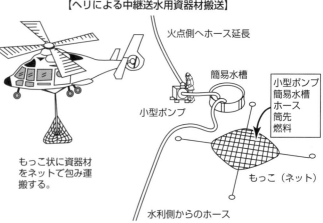

【ヘリによる中継送水用資器材搬送】

【飛火延焼】
林野火災における燃え広がるスピードは、地形や風速、樹木の種類等によって大きく左右される。その速度は、人が歩く速さをはるかに超えるので、遠くに見える火災でも油断は禁物である。

台風の余波などで起きるフェーンによる火災の場合は、山腹から吹き下ろす乾燥した高温の風が猛威を振るい被害を拡大させることがある。
樹木の枝や葉の茂っている部分が燃えるのが樹冠火である。一度燃え広がると火勢が強くなり、消火が困難になるもので、1時間に15kmの速さで移って行くことがあるので、消防隊にとって恐ろしい火である。

【防火線】

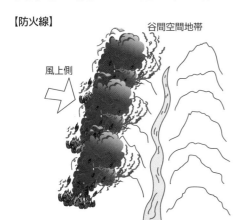

火に強い樹木は、本州ではサンゴジュ、ヤマモモ、シイ、カシ等がある。北海道・東北の樹種では、カラマツ、アカエゾマツ、イチョウ、アカシア、イヌガヤ、ユズリハ等がある。

油脂分の多いスギ、ヒノキ、アカマツ、エゾマツ、トドマツは燃えやすい。

林野火災の延焼拡大を食い止めるため、地形や地物を利用して防火帯より幅員を広げて炎を待ち受けるのが防火線である。峰と峰の谷間の沢や渓流は、広い空間地帯になっているため、強風で発生した飛火が途中で冷やされて消えてしまう場合がある。また、森林伐採した跡地に植樹を行った一帯は、火勢を弱める一方、消火作業の拠点にもなる。

【局地風】　　　　　　　　　　　【山風】

地形特有の狭い範囲で吹く風が局地風と呼ばれる。日中は平地から山頂に向かって吹き、斜面が暖められると大気が軽くなり上昇するため、風は強さを増していく。

山風は、夜間の放射冷却により、斜面の大気が重くなり、斜面に沿うように気流が下降した時に起きる風である。林野火災において、明け方近くに一旦、火勢が弱まる原因だと考えられている。

2 空中消火

林野火災が拡大するおそれがあるなど、現有の消防力による地上消火だけでは、効果的な消火が困難であると消火活動の最高責任者が判断した場合は、空中消火の実施を検討するとともにその準備を行う。

空中消火は、地上の消防部隊と連携し航空機（ヘリコプター）を用いて、空中から消火剤の散布を主体にした消火活動と偵察、連絡、輸送等の消防活動を行う。

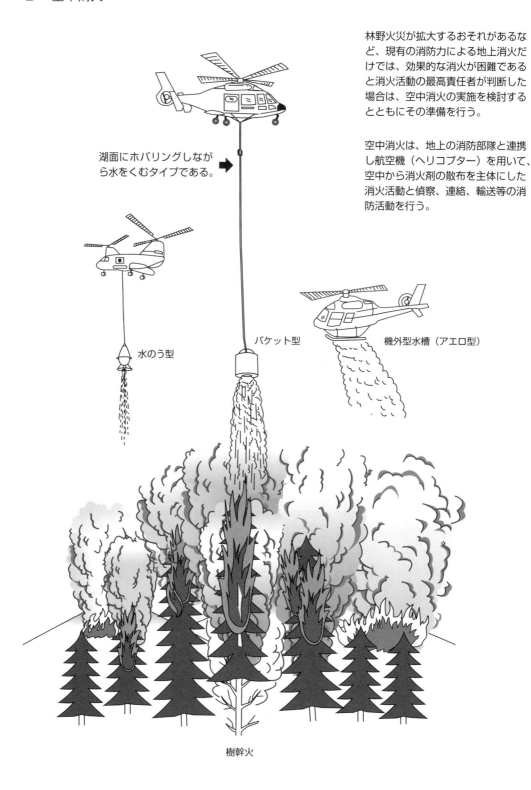

3 地上支援

小型ポンプで水利から水槽に送水し、さらに水槽の水を小型ポンプで水のうに送水する。途中、混合機を設置して消火薬剤を注入すると消火効果が期待できる。

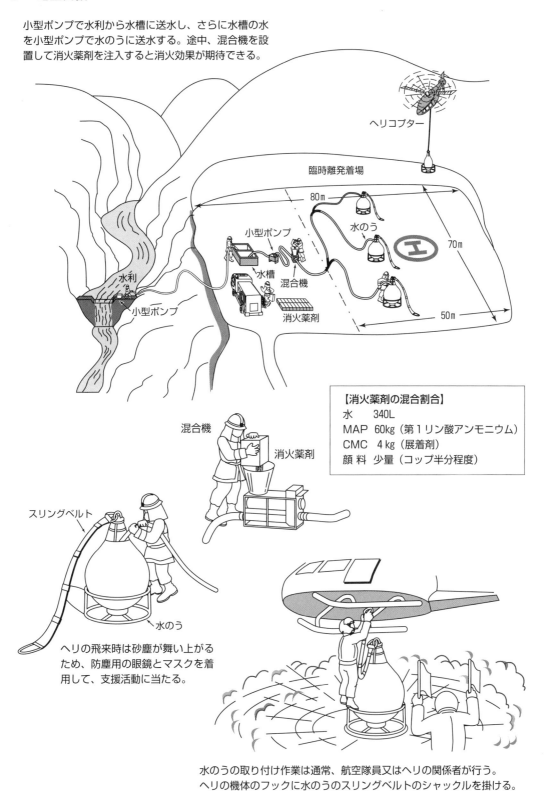

【消火薬剤の混合割合】
水　　340L
MAP　60kg（第1リン酸アンモニウム）
CMC　4kg（展着剤）
顔料　少量（コップ半分程度）

ヘリの飛来時は砂塵が舞い上がるため、防塵用の眼鏡とマスクを着用して、支援活動に当たる。

水のうの取り付け作業は通常、航空隊員又はヘリの関係者が行う。
ヘリの機体のフックに水のうのスリングベルトのシャックルを掛ける。

【地上での消火】
林野火災の鎮圧及び延焼防止を行うために、従来から2種類の方法が取られてきた。火勢の弱い現場では、直接、火をたたく「たたき消し」やシャベルで覆土・散土する直接消火法がある。また、水を使う散布器の水のう付き手動ポンプによる散水と中継送水による消火活動がある。

【中継送水】
中継送水は、山頂へ大量送水する有効な手段である。ポンプ1台で約70～80mの揚水能力がある。
途中に水槽を配置し、これに補水しながら、さらにそこから給水を受け、中継送水のポンプ運用を行うと比較的容易に大量送水することができる。

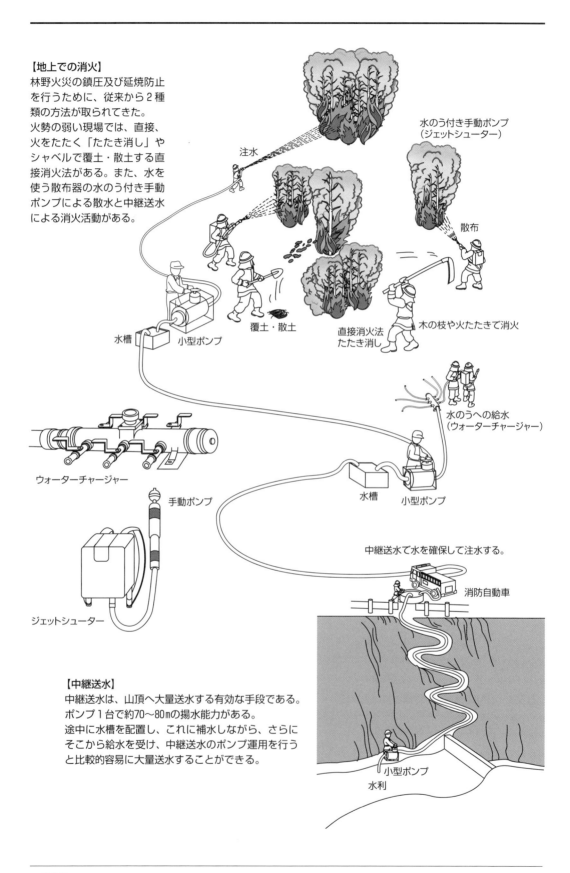

4 直接消火

林野火災の特性は、広い面積の林野に存在する可燃物が、質・量ともに同一ではないので燃焼が複雑であり、山地特有の気象の急激な変化により、斜面の延焼速度が早まったり、飛火による延焼拡大も多く、都市の建物火災と異なって長い火線が特徴である。

この火線に接近して、各種の消火活動を行い火災を鎮圧するのが直接消火である。この消火方法は、火災規模の小さい初期火災や延焼速度が遅く火勢の弱い地点での消火に限定される。

手法としては、手近な資材を利用した叩き消し、踏み消し、注水、覆土で消火を行う。

【たたき消し法】
文字どおり人力で火をたたいて消すか、横に払って消す方法で、生葉のついた木の枝か、火たたき用の簡単な道具でたたいて消火する。火勢が特に弱い所では足で踏んで消す方法が効果的である。

延焼していく方向を追い掛けるようにして、木の枝で火をたたきながら進む。

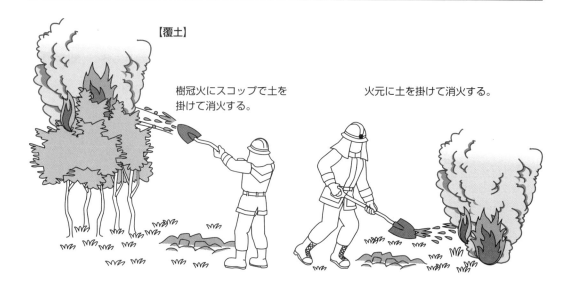

【覆土】
樹冠火にスコップで土を掛けて消火する。

火元に土を掛けて消火する。

【防火線】
林野火災時における防火線は延焼を防止し、火勢を鎮圧する機能のほか消火作業の拠点となる重要な役割を果たし、特に地表火の風上・風横の消火に効果的である。この防火線の位置は、現在の地形・林況・気象条件を考慮して決定される。防火線の構築は、山地森林の外周、又は林と林の境界線、林道、尾根などが利用されている。
特に林野火災を拡大する危険な風向は、それぞれの場所でほぼ定まっているので、これに斜行する峰筋の風裏側の位置が適当である。幅員は樹冠火を防ぐために相当の間隔を必要とするが、地表火の場合では樹高の2倍、草丈の10倍といわれており、まず10m以上の幅は必要と思われる。ただし、峰筋の風裏側など地形を利用した場合は、これより狭い幅でも高い効果が期待できる。

13 建物以外の火災防ぎょ

【住宅への延焼拡大阻止】

山麓にまで住宅が迫っている地区の林野火災防ぎょは、延焼拡大の阻止線を住宅地と山林の境界付近に設置し、住宅への延焼を防止することが大切である。

【間接消火】

小川など自然の地形物を利用して、延焼拡大阻止線に組み込み、この先へは延焼の危険はないものとし、人的消防力を他の危険区域へ配置部署することができる。

【残火処理】

火災を鎮圧して延焼の心配がなくなった焼け跡でも、根株、枯木などの残火は風にあおられて火の粉を散らして、火災を再発させる危険性があるので、山林火災阻止線内の危険箇所に残火処理を行う必要がある。くすぶっている木の切り倒しや空洞枯木などへの水や薬剤の注入、根株などはスコップによって掘り起こすか、厚く覆土をして、完全に鎮圧することが大切である。特に深く入った伐根の燃焼は周囲に溝を掘って消火を完全に行う必要がある。

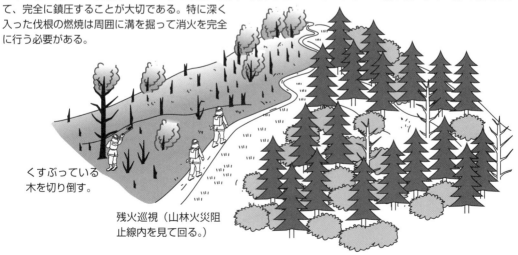

船舶火災

　港等に停泊した船舶は、消防活動の対象となる。
　種類としては、客船、貨物船、漁船、作業船等がある。
　また、はしけや端舟から豪華客船、さらには数十万トンのタンカー等まで、実に多種多様である。
　○　客船は、タラップやはしご車、積載はしごで甲板から船内に進入し、人命救助を優先にした、ホテル火災と同様の火災防ぎょを行う。
　　　船内は、通路が狭いうえ、個室等の区画が複雑であることから、乗組員から情報の提供を受ける。
　　　開口部が少ないので、濃煙や熱気が充満しやすいので、消防活動は困難を来す。
　○　貨物船は、鉱石や穀類、チップ、木材等を運搬している。
　　　積み荷によっては、毒劇物等が積載されている場合があるので、乗組員から情報の提供を受け、炭酸ガスや泡消火剤等で消火する。
　　　貨物艙は、濃煙や熱気が充満するため、赤外線カメラ等により火点を確認してから消火活動を行う。
　○　コンテナ船は、海洋輸送されるものは、ISO規格20フィート×40フィートのコンテナが多く使われている。
　　　乗組員から情報の提供を受け、危険物や毒劇物火災等の対応を行う。
　○　カーフェリーは、旅客と車両を同時に運んでいるため、乗組員から情報の提供を受けて、人命救助を優先にした消防活動を行う。

13 建物以外の火災防ぎょ

■タンカー火災

船内に巨大なタンクをもち、石油を専門に輸送する船がオイルタンカーである。他にトルエン、ベンゼン、硫酸などの化学製品を運ぶケミカルタンカーとナフサ、ガソリンや灯油などの石油製品を運ぶプロダクトタンカーがある。
オイルタンカー30万t級の船は、全長333m、幅60m、高さ（船底から甲板）29m。原油の量は約35万m³を積載することができる。
原油を満載したオイルタンカーは、喫水線を超える場合、水深の浅い港に入れないので、沖合のシーバース（海上桟橋）に横付けにして、海底に敷かれたパイプラインで製油所等の貯蔵タンクに原油を移送している。
タンカーは、乗組員は少ないが、危険物等を満載している場合が多い。
積載量は喫水線で見分ける。
巨大な原油・プロダクトタンカーは、シーバースから原油をタンクに移送する。
原油の流出と消火泡に備えオイルフェンスを展張して、消防艇の高所放水砲から大量の泡放射で消火する。
その他、LPGやLNG（マイナス162℃）の超低温液体を運搬する液化ガスタンカーや化学薬品を運搬するケミカルタンカーがある。

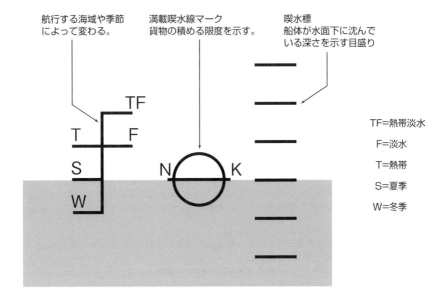

【喫水線】
貨物を運ぶ船は、荷を積み過ぎると危険が生じるので、船体を沈められる限度を標示したのが、満載喫水線の標示で両舷側に標示する。
円の中心を通る横線が標準の喫水線で、左の数段の横線は、海域や季節によって、喫水線の限度が変わることを表している。

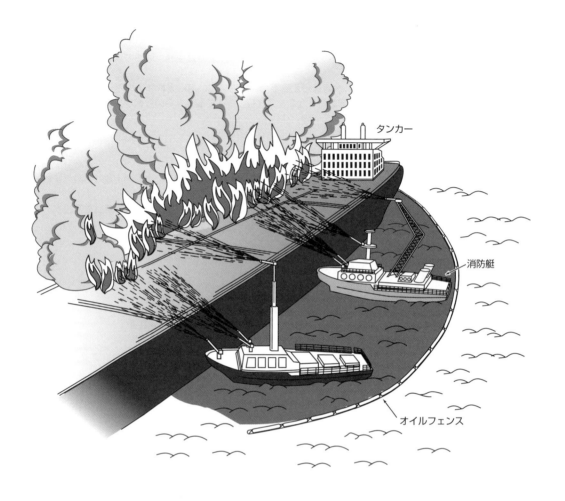

【タンカー火災】
シーバースに接岸し原油を移送中に発災、炎上した大型タンカー火災には、消防艇による消火が威力を発揮する。
消火活動が長時間に及ぶため、大量の泡消火剤の搬入を必要とする。
集まった消防艇で一挙に大量の泡放射によって消火することが効果的である。
流出した原油と消火薬剤で海水の汚染を防ぐためにオイルフェンスで拡散の防止が必要となる。

13 建物以外の火災防ぎょ

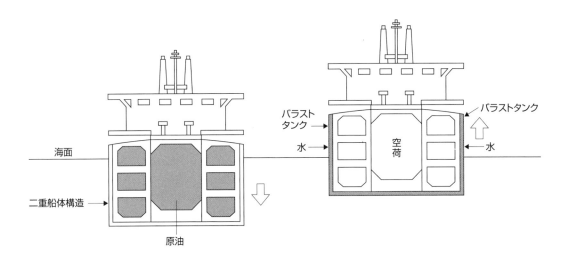

【二重船体構造】
船体の構造は、船の揺れで原油の移動を防ぐため、タンク内を隔壁で縦横に仕切板が設けられている。また、座礁等で原油が流出しないように、大型船には船底と側面を二重船体構造にするよう義務付けがなされている。

【バラストタンク】
タンカーなどの貨物船は、積み荷の状態に応じて船の重心を調節し、復原力を保つようにバラストタンクを備えている。
空荷の状態のときは、このタンクに水を入れ、原油満載のときは水を抜いて、安全航行に必要な喫水が確保されるようになっている。

二重船体構造のオイルタンカーは、石油タンクより堅牢に造られているため、ガス爆発等によって生じる穴や亀裂の隙間が狭く、このわずかな開口部に向け消防艇による泡放射を行って、油面を泡で覆い空気と遮断して油火災の消火を行う。
タンカーの風下側は猛烈な熱気と煙で容易に近付けないため、離れた位置からの泡放射となる。そもそも泡の有効射程が短いため先端が飛散してしまい、消火の効果が得られず消火に長時間を要してしまう。また、泡の注入量が少ない場合は、火勢によって消滅してしまい、泡の持つ粘着性や流動性が十分に発揮されない場合もある。さらに消防隊には、消火活動以外に海面に流れ出た泡消火剤をオイルフェンスで囲い込み、油処理を任されることがある。
オイルタンカー火災の消火に失敗した場合は、数日間も燃え盛り、タンク内の油温が上昇することによって、泡放射による冷却の効果は皆無になる。
消火活動の万策が尽き、油が燃え尽きるのを待つ状態になった場合は、タンカーの1日燃えた量が船の喫水標に現れるので、油の残量とで、燃え尽きる日数を逆算することが可能となる。

その他の火災

その他の火災は、建物、林野、車両、船舶及び航空機火災以外の火災をいう。

1　古タイヤ集積場火災

　山積みの古タイヤ数十万本のうち、約十数万本のタイヤが燃え、煙と有毒ガスが発生したため、付近一帯の住民を避難させた上で、3日間の火災防ぎょに当たった火災現場もある。

2　花火工場の爆発火災

　花火工場の爆発火災では、作業員や工場周辺の住民など57名の死傷者を出す大惨事となった爆発、延焼火災が発生したこともある。

　この爆発によって半径1km以上に及ぶ被害が発生し、爆発のものすごさを物語っている。

　このとき、死者2名、行方不明1名、重傷、中等症、軽傷合わせて54名出ており、建物被害も火元工場15棟全焼、類焼建物9棟全焼、全壊4棟、半壊41棟、一部破損486棟となった。

3 油火災防ぎょ

【油火災の消火】

　油火災には、空気泡や化学泡を用いた泡放射で消火するのが一般的である。火災で油タンクの油温が高まったり、火面が拡大してしまったりすると消火が困難を来すので、大規模な消防力で一挙に鎮圧を図ることが大切である。

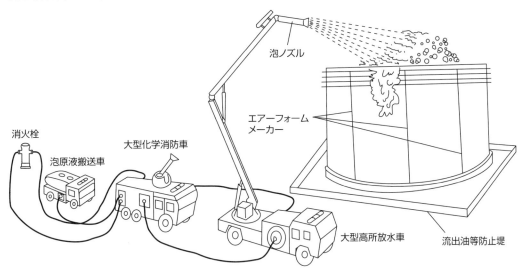

大型化学消防車に消火栓や中継送水の水と泡原液搬送車からの泡原液を送り、大型化学消防車に内蔵されている等圧弁によって水と泡原液を自動比例混合し、泡水溶液（混合液）になったものを大型高所放水車の先端部に取り付けられたノズルに送り、この泡ノズルの基部から空気を取り込んで発泡させて、泡ノズルから放射するものである。

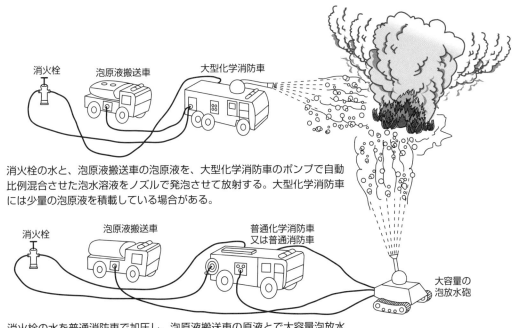

消火栓の水と、泡原液搬送車の泡原液を、大型化学消防車のポンプで自動比例混合させた泡水溶液をノズルで発泡させて放射する。大型化学消防車には少量の泡原液を積載している場合がある。

消火栓の水を普通消防車で加圧し、泡原液搬送車の原液とで大容量泡放水砲の自動比例混合装置で泡水溶液をつくり、これをノズルで発泡させて放射する。

8訂版　イラストで学ぶ火災防ぎょ

平成11年10月30日　初　版　発　行
平成14年 5 月15日　 2 訂版 発 行
平成18年 3 月15日　 3 訂版 発 行
平成23年 5 月25日　 4 訂版 発 行
平成24年 4 月 1 日　 5 訂版 発 行
平成25年 9 月 1 日　 6 訂版 発 行
平成29年 4 月 1 日　 7 訂版 発 行
令和 7 年 3 月15日　 8 訂版 発 行

編　著／火災防ぎょ教育研究会　菊地　勝也

発行者／星沢　卓也

発行所／東京法令出版株式会社

112−0002	東京都文京区小石川5丁目17番3号	03(5803)3304
534−0024	大阪市都島区東野田町1丁目17番12号	06(6355)5226
062−0902	札幌市豊平区豊平2条5丁目1番27号	011(822)8811
980−0012	仙台市青葉区錦町1丁目1番10号	022(216)5871
460−0003	名古屋市中区錦1丁目6番34号	052(218)5552
730−0005	広島市中区西白島町11番9号	082(212)0888
810−0011	福岡市中央区高砂2丁目13番22号	092(533)1588
380−8688	長野市南千歳町1005番地	

[営業] TEL 026(224)5411　FAX 026(224)5419
[編集] TEL 026(224)5412　FAX 026(224)5439
https://www.tokyo-horei.co.jp/

©KIKUCHI Katsuya　Printed in Japan, 1999
　本書の全部又は一部の複写、複製及び磁気又は光記録媒体への入力等は、
著作権法上での例外を除き、禁じられています。これらの許諾については、
当社までご照会ください。
　落丁本・乱丁本はお取替えいたします。
ISBN978-4-8090-2567-9